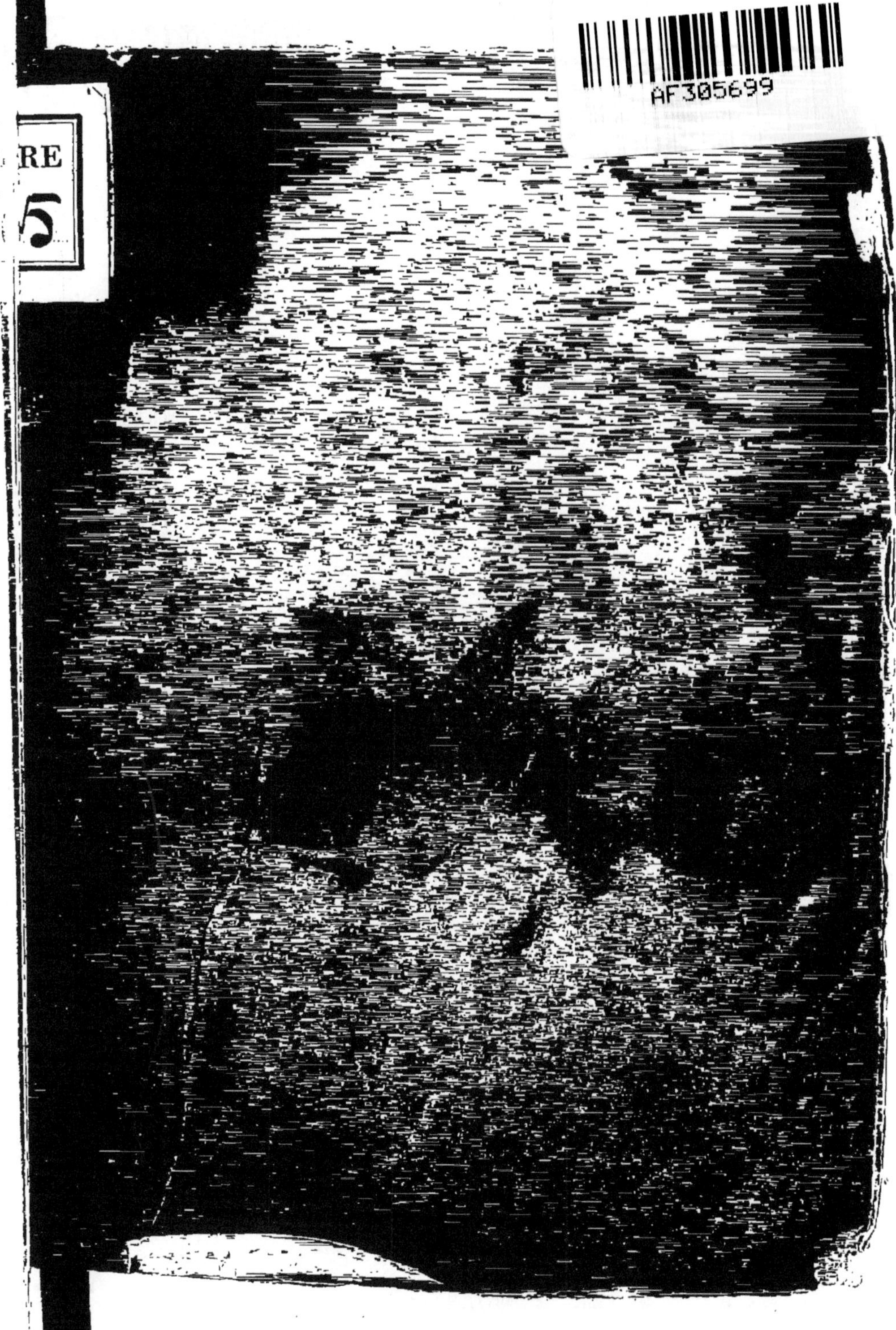
RE
5
AF305699
AF305699

LIBRAIRIE D'ÉDUCATION

DE PIERRE BLANCHARD,

Rue Montesquieu, n° 7.

Beautés de l'histoire de France, par Pierre Blanchard, DOUZIÈME ÉDITION, 1 vol. in-12, avec 8 figures, prix : 3 fr.

Tableaux de la nature et des bienfaits de la Providence, 1 vol. in-12, fig., prix : 3 fr.

Les Animaux industrieux, 1 vol. in-12, prix : 3 fr.

Les Végétaux curieux, 1 vol. in-12, fig., prix : 2 fr. 50 c.

Contes d'une mère à sa fille, par madame Mallès de Beaulieu, 2 vol. in-12, ornés de 12 jolies gravures, avec une couverture imprimée ; seconde édit., prix : 6 fr.

Événemens les plus curieux de l'histoire, ou choix d'épisodes les plus remarquables, 2 vol. in-12, avec fig., prix : 7 fr.

Les délassemens de l'enfance, par Pierre Blanchard, quatrième édit., 2 vol. in-12, ornés de 16 jolies fig., prix : 6 fr.

Conversations amusantes sur l'histoire de France, par madame Mallès de Beaulieu, 2 vol. in-12, fig., prix : 6 fr.

Aventures de Robinson Crusoé, jolie édition,

ornée de 12 belles gravures , 2 vol. in-12 ,
prix : 6 fr.

Le retour des Fées, contes, par madame la com-
tesse de Choiseul, 2 vol. in-12 , ornés de 10 gravures, prix : 5 fr.

Lettres de deux jeunes amies, ou Conseils de l'amitié, par madame Mallès de Beaulieu, 2 vol. in-
12, fig., prix : 5 fr. 50 c.

Le Robinson de douze ans , histoire curieuse d'un
jeune mousse abandonné dans une île déserte ,
1 vol. in-12, fig., septième édit., prix : 2 fr. 50 c.

Le Labruyère des jeunes demoiselles, ou Princi-
paux caractères des jeunes personnes ; ouvrage
utile et amusant, par madame Mallès de Beaulieu , seconde édit., prix : 2 fr. 50 c.

Les Jeunes pensionnaires, 1 vol. in-12, figures,
prix : 2 fr. 50 c.

La jeunesse de Henri IV, 1 vol. in-18 , figures,
prix : 2 fr. 50 c.

La bonne famille , par Salzmann , 2 vol. in-12 ,
figures, prix : 5 fr.

Eudoxe, ou la jeunesse prémunie contre les erreurs
populaires , 2 vol. in-12, fig., prix : 5 fr.

L'Ange protecteur de la jeunesse , par Salzmann ,
1 vol. in-12, fig., prix : 2 fr.

Petit Théâtre de famille , 1 vol. in-12 , fig.,
prix : 2 fr.

(5)

Petit Tableau des arts et métiers, ou les Questions de l'enfance, 1 vol. in-12, fig., seconde édit., prix : 2 fr.

Petit Voyage autour du monde, par P. Blanchard, 1 vol. in-12, sixième édit., fig., prix : 2 fr.

Les Jeunes enfans, contes par P. Blanchard, 1 vol. in-12, imprimé en gros caractères, orné de 6 jolies fig., sixième édit., prix : 2 fr.

L'Ésope des enfans, ou Fables nouvelles en prose, composées pour l'instruction morale de l'enfance, livre de lecture pour le premier âge, par Pierre Blanchard, 1 vol. in-12, imprimé en gros caractères, orné de 6 jolies fig., prix : 2 fr.

Contes à ma jeune famille, par madame Mallès de Beaulieu, 1 vol. in-12, fig., troisième édit., prix : 2 fr.

Les Sœurs jumelles, 1 vol. in-12, fig., prix : 2 fr.

Joseph le Manteau-Noir, par Salzmann, 1 vol. in-12, prix : 2 fr.

Annette, ou l'Enfant de la charité, 1 vol. in-12, figures, prix : 2 fr.

Jeu Alphabétique, Historique et Géographique, 1 vol. in-12, fig., prix : 1 fr. 50 c.

Les jeunes Voyageurs en France, par madame de Flesselles, 4 vol. in-18, fig., prix : 6 fr.

Nouveaux Contes à Henriette, par Abel Dufresne, 1 fort vol. in-18, imprimé avec soin et orné de jolies gravures d'après le dessin de Déveria, prix : 4 fr.

Petit Dictionnaire des Inventions, 1 fort vol. in-18, fig., prix : 1 fr. 50 c.

Le Petit Anacharsis, 2 vol. in-18, fig., seconde édit., prix : 3 fr.

L'Ami des Petits Enfans, ou les Contes les plus simples de Berquin, Campe et Pierre Blanchard, 2 vol. in-18, ornés de jolies fig., prix : 3 fr.

Modèles des Enfans, 1 vol. in-18, fig., douzième édit., prix : 1 fr. 50 c.

Modèles des Jeunes personnes, 1 vol. in-18, fig., prix : 1 fr. 50 c.

Modèles de la jeunesse chrétienne, 1 vol. in-18, figures, quatrième édit., prix : 1 fr. 50 c.

L'Enfant aveugle, histoire, 1 vol. in-18, fig., seconde édit., prix : 1 fr. 50 c.

Les Accidens de l'Enfance, par Pierre Blanchard, 1 vol. in-18, fig. onzième édit., prix : 1 fr. 50 c.

Les Enfans studieux, 1 vol. in-18, fig., neuvième édit., prix : 1 fr. 50 c.

Premières connaissances, à l'usage des enfans qui commencent à lire, 1 vol. in-18, fig., neuvième édition, prix : 1 fr. 50 c.

L'Abeille chrétienne, poésies religieuses, 1 vol. in-18, fig. prix : 1 fr. 50 c.

Modèles de Prose, 1 vol. in-18, fig., prix : 1 fr. 50 c.

Modèles de Poésie, 1 vol. in-18, fig., prix : 1 fr. 50 c.

Présent d'une Sœur à son Frère, et d'un Frère à sa Sœur, petits contes, 1 vol. in-18, fig., quatrième édit., prix : 1 fr. 50 c.

Le La Fontaine des enfans, ou Choix des Fables de La Fontaine les plus simples et les plus morales, 1 vol. in-18, fig., quatrième édit., prix : 1 fr. 50 c.

Les Petits Peureux corrigés, 1 vol. in-18, fig., prix : 1 fr. 50 c.

Geneviève dans les bois, 1 vol. in-18, fig., prix 1 fr. 50 c.

Tom Pouce, 1 vol. in-18, fig. prix : 1 fr. 50 c.

Leçons pour les Enfans de trois à cinq ans, 1 vol. in-18, fig., prix : 1 fr. 50 c.

Contes pour les Enfans de cinq à six ans, 1 vol. in-18, fig., prix : 1 fr. 50 c.

Contes à Henriette, par Abel Dufresne, 1 vol. in-18; fig., prix : 1 fr. 50 c.

Contes à Henri, 1 vol. in-18, prix : 1 fr. 50 c.

Comment le jeune Henri apprit à connaître Dieu, 1 vol. in-18, prix : 1 fr. 50 c.

Les Embarras d'une Petite Fille curieuse, 1 vol. in-18, fig., prix : 1 fr. 50 c.

Contes et Historiettes, par Berquin, 1 vol. in-18, avec 6 jolies fig., prix : 1 fr. 50 c.

Dictionnaire des Locutions vicieuses les plus communes, des mots dénaturés ou mal employés, 1 vol. in-18, prix : 1 fr. 50 c.

Le Secrétaire des Enfans, 1 vol. in-18, prix : 1 fr. 50 c.

Vie de Saint Vincent de Paule, 1 vol. in-18, fig., prix : 1 fr. 50 c.

Vie de Fénélon, 1 vol. in-18, prix : 1 fr. 50 c.

Vie du jeune Louis XVII, écrite en faveur de la jeunesse, troisième édit., 1 vol. in-18, fig., prix : 1 fr. 50 c.

Vie de sainte Geneviève, patronne de Paris, 1 vol. in-18, jolie édit., ornée de 4 fig., prix : 1 fr. 50 c.

La Grammaire en Dialogues, par Le Vallois, 1 vol. in-12, prix : 1 fr.

La Géographie en Estampes, ou les Mœurs et Costumes des peuples, 1 vol. in-8, oblong, avec couverture cartonnée et imprimée, et orné de 30 pl., prix : 8 fr.

L'Histoire de France en Estampes, 1 vol. in-8 oblong, orné de 32 jolies gravures et cartonné, prix : 10 fr.

Eugénie, ou le calendrier de la jeunesse, par madame de Flamanville, 1 vol. in-12, orné de 6 jolies fig., seconde édit., prix : 2 fr. 50 c.

Poitiers. — Imprimerie de Catineau.

LES
PETITS PEUREUX
CORRIGÉS ;

OUVRAGE DESTINÉ A PRÉMUNIR LES ENFANS CONTRE TOUTE IDÉE D'APPARITIONS, DE REVENANS, DE FANTÔMES ; ET A LEUR INSPIRER LE COURAGE NÉCESSAIRE DANS LES ÉVÉNEMENS QUI PARAISSENT SURNATURELS.

PAR A. ANTOINE,

Auteur des *Nuits enfantines*, des *Animaux célèbres*, etc.

Ne craignez rien :
Ce livre est un flambeau dont la douce lumière
Ne doit point offusquer les regards qu'il éclaire.
DEMOUSTIER.

CINQUIÈME ÉDITION.

PARIS,
LIBRAIRIE D'ÉDUCATION DE P. BLANCHARD,
Rue Montesquieu, n° 7.

1828.

PRÉFACE.

Loke, ce philosophe qui sonda les abîmes du cœur humain, et qui sut si bien dépouiller la vérité des illusions dont l'entourent notre faiblesse et l'ignorance, avoue cependant qu'il n'a jamais pu réprimer une sorte de frayeur superstitieuse qu'il éprouvait dans les ténèbres ; et il attribue ce mouvement, plus fort que sa raison, aux contes de revenans dont une domestique ignorante et crédule avait bercé son enfance. Rien n'est plus dangereux pour l'esprit neuf et curieux des enfans que ces récits insensés ; trop souvent ils ont suffi pour gâter les têtes que la nature semblait avoir organisées pour l'honneur de l'espèce humaine; et quand le mal n'est pas incurable, il faut toutes les forces d'une raison éclairée pour parvenir à la guérison : encore reste-t-il toujours une impression fâcheuse de ce mal. Nous le voyons par l'aveu de Loke; et si un esprit aussi supérieur n'a pu secouer entièrement les vaines terreurs du premier âge, que doit-on espérer du vulgaire des hommes?

Comme il est presque impossible aux parens les plus sages, et même les plus attentifs, de garantir leurs enfans des discours d'une servante imbécile, ou des récits d'une imagination malade, c'est donc à la raison qu'il faut avoir recours. Avec son aide, on parvient souvent à détruire ce que la sottise et l'ignorance ont établi ; mais il est nécessaire de s'y prendre de bonne heure : l'homme aime le merveilleux, il le reçoit avec avidité, et quand une fois il a commencé à en nourrir son esprit, il lui est bien difficile de revenir à la vérité qui lui paraît trop simple. C'est pour seconder les vues de ces parens sensés, que j'ai composé le petit Ouvrage que je présente ; il doit plaire aux enfans par les histoires merveilleuses qu'il contient, et, ce qui est l'essentiel, il doit les porter à examiner les causes de ce qui leur paraît surnaturel : c'est là mon but.

Ce livre est le premier de ce genre que l'on ait destiné à l'enfance : ce ne sera pas sans doute une raison pour le rejeter. Je voudrais qu'une meilleure plume l'eût écrit ; car il peut être utile.

Je ne crois pas nécessaire d'avertir que la religion n'a rien à y reprendre : les idées superstitieuses ne sont propres qu'à ternir sa pureté ; c'est un devoir de l'en débarrasser.

Nota. La première édition de cet ouvrage a paru sous le titre de *Histoires Merveilleuses,* que nous avons cru devoir changer.

LES
PETITS PEUREUX
CORRIGÉS.

PREMIÈRE PARTIE.

Sur les côtes de la Normandie,
vis-à-vis les îles de Jersey et de Ger-
nesey, est un château gothique
dont l'antiquité remonte à des siè-
cles si éloignés, que les bonnes
gens du pays croient qu'il a été
bâti par les fées, et cela bien avant
que les fameux hommes du Nord
vinssent donner leur nom à l'ancienne Neustrie. Ces fées, à ce
que rapporte la tradition du pays,

2

étaient filles d'un grand seigneur de ces cantons, célèbre magicien lui-même.

Monsieur et madame de Verseuil venaient d'hériter de ce château; et quoiqu'on fût au mois de novembre, ils avaient quitté Paris pour prendre possession de ce nouveau domaine. Albert et Victor, leurs fils, ainsi que Cécile, leur fille, avaient été du voyage; et un marin, frère de madame de Verseuil, le capitaine Forbin, était aussi arrivé au château depuis quelques jours.

Monsieur et madame de Verseuil, ainsi que le capitaine, causaient un soir auprès du feu, lorsqu'on entendit de grands cris qui partaient

de l'intérieur de la maison; chacun
se disposait à aller voir ce que
c'était, lorsque dame Gertrude, la
vieille gouvernante de madame de
Verseuil, entra toute pâle, éche-
velée, tremblante, et pouvant à
peine respirer; elle se jeta aussitôt
dans un fauteuil, en disant : Ah !
mon Dieu, je n'en puis plus.......
— Que vous est-il donc arrivé, et
où sont mes enfans? demanda madame de Verseuil.— Ah! madame,
reprit Gertrude d'une voix entre-
coupée, au bout du long corridor...
près de la chapelle... Vos enfans...
allez.... allez vite.... pour moi, je
n'en puis plus....

A ces mots, madame de Verseuil
et son mari coururent au lieu qu'on

leur désignait: le capitaine allait les
suivre; mais dame Gertrude le re-
tint vivement par l'habit, en le con-
jurant de ne pas la laisser seule.

La lumière que portait madame
de Verseuil s'éteignit au milieu du
corridor; mais elle et son mari n'en
poursuivirent pas moins leur chemin. Ils approchaient de la chapelle lorsqu'ils entendirent leurs
enfans qui s'écriaient : pour l'a-
mour de Dieu, ne nous faites pas
de mal !—Ne craignez rien , mes
enfans, c'est votre père, c'est votre
mère , dirent monsieur et madame de Verseuil , en les relevant:
car ces pauvres petits étaient à genoux, la face prosternée contre
terre. —Ah! si vous saviez ce que

nous avons vu! Fuyons, fuyons vite... Et ils entraînaient leurs parens vers le salon, où le capitaine était resté auprès de dame Gertrude. En les voyant, celle-ci les prit dans ses bras, et ils s'embrassèrent comme gens qui se félicitent d'avoir échappé à un grand péril.

M. DE VERSEUIL. Je gage que la peur est encore la cause de cette grande alarme?

GERTRUDE. Certainement, on aurait peur à moins ; car cette fois nous n'avons pas seulement vu et entendu , nous avons encore été frappés : vous en voyez la preuve, puisque l'esprit ou le lutin m'a emporté mon bonnet...Oh ! le maudit château ! j'y mourrai de peur ,

2*

si toutefois quelque méchant esprit ne m'y tord pas le cou.

Mad. DE VERSEUIL. Ah! Gertrude, pouvez-vous bien à votre âge tenir un langage semblable? Vous n'êtes pas plus raisonnable que ces enfans.

CÉCILE. Maman, je t'assure que cette fois c'était tout de bon un revenant; car il nous a tous frappés bien fort.

ALBERT. Oui, il m'a donné plusieurs coups de poing dans le dos et dans l'estomac.

VICTOR. Et moi, il m'a secoué la tête, et m'a fait tomber mon chapeau.

GERTRUDE. Ces choses-là ne sont pas des effets de l'imagination..... Oh! le maudit château!

M. DE VERSEUIL. Je suis persuadé qu'il y a dans tout ceci quelque cause bien naturelle que vous n'avez pas approfondie. Faudra-t-il que je vous répète toujours qu'il n'existe point de revenans, si ce n'est dans l'imagination de gens peureux comme vous?

GERTRUDE. Mais il ne s'agit pas ici d'une simple vision : en passant devant cette grande salle où sont les portraits des anciens habitans du château, nous avons entendu un bruit assez fort, comme de quelqu'un qui s'y promenait à grands pas....

Mad. DE VERSEUIL. Vous vous êtes sauvés tout aussitôt?

GERTRUDE. Eh bien , pas du

tout ; ce qui prouve que je ne suis pas aussi peureuse qu'on le dit. Au contraire , je me suis arrêtée ainsi que les enfans ; nous avons écouté, et nous avons entendu , je vous le répète , entendu très-distinctement que l'on frappait tantôt sur les meubles, tantôt sur les fenêtres. Je savais que, sur mon récit, vous vous moqueriez encore de moi ; je résolus donc d'entr'ouvrir tout doucement la porte pour examiner : jugez de ma hardiesse !

En achevant ces mots, dame Gertrude fit un bond sur sa chaise. Quelqu'un venait de sonner à la grille du château ; et le timbre seul de la cloche avait fait tressaillir celle qui se vantait à l'instant d'être

brave. C'était le pasteur du village
qui venait rendre une visite à ses
nouveaux paroissiens. Après les
complimens d'usage, monsieur de
Verseuil lui dit : Vous venez fort à
propos dans ce moment, monsieur
le curé ; nous avons besoin de ren-
fort. Certaines personnes, ici pré-
sentes, entendent des bruits extraordinaires dans ce château, aper-
çoivent même des fantômes......
Jusqu'à ce jour, ces revenans
s'étaient montrés pacifiques, et ils
se contentaient d'effrayer ; mais ce
soir, quelques instans seulement
avant votre arrivée, ces méchans
esprits se sont avisés de battre mes
enfans, et d'enlever le bonnet de
dame Gertrude. Elle venait de

commencer le récit de cette terrible aventure.—Si vous voulez lui permettre de continuer, dit M. le Curé, je serais curieux de l'entendre.

Encouragée par cette invitation, et espérant cette fois trouver quelqu'un de son sentiment, Gertrude reprit son récit en ces termes :

Je disais donc que j'entr'ouvris doucement la porte de la chambre où nous entendions du bruit. Albert, cramponné après moi, tenait notre flambeau; Victor et Cécile me tiraient tant qu'ils pouvaient par mon tablier pour m'empêcher de tourner la clef.—Je pense que nous avions bien raison, dirent les petits peureux.—C'est vrai, reprit

Gertrude, car, à peine la porte fut-elle entre-baillée et eussé-je avancé la tête avec précaution, que l'esprit, mécontent sans doute, me sauta au visage, sans que je le visse venir; il arracha mon bonnet, éteignit notre lumière, et courut après nous dans le corridor, où il nous battit tous quatre, et renversa ces pauvres petits. J'eus assez de force pour venir juqu'ici avertir de ce qui se passait ; mais certes, l'esprit peut être bien tranquille maintenant, il ne m'arrivera plus de me laisser aller à une téméraire et imprudente curiosité.

M. LE CURÉ. Vous aviez sans doute laissé quelque fenêtre ouverte dans cette pièce ?

Gertrude. Non , monsieur , aucune.

M. le Curé. Cela m'étonne. N'importe, ma bonne; je reconnais quelle espèce d'esprit s'est présentée à vous. Vous en rencontrerez peut-être encore plus d'une fois de semblables ; mais n'ayez pas d'inquiétude, ils ne vous feront jamais de mal , du moins avec intention.

Gertrude. Je pensais bien que vous ne me traiteriez pas, comme tout le monde me traite ici, d'ignorante, de peureuse, de visionnaire. Dites-moi, je vous prie, quels sont ces esprits qui reviennent dans ce château ? ce sont sans doute ceux qui y ont mal vécu ? vraisemblablement ils demandent des prières ? y reviennent-ils souvent? que faut-il faire pour les éloigner de soi? Ah! de grâce, tranquillisez-moi sur tous ces points; parlez, parlez, je vous en prie.

M. LE CURÉ. L'esprit que vous avez rencontré est un malheureux égaré qui a été autant effrayé par vous, qu'il vous a effrayée lui-même. Vous aviez un moyen bien simple de le satisfaire. Toutes les fois que vous en rencontrerez de cette nature, et que vous voudrez vous délivrer de leur présence, il faut....

En ce moment, il sembla que quelqu'un donnait un grand coup dans la porte de la chambre. Chacun ayant fait silence, on entendit dans le corridor le même bruit que

Gertrude avait entendu dans la salle des portraits ; on frappait aux portes et aux fenêtres. — C'est encore l'esprit, dirent les petits peureux !.. Ah! monsieur le Curé, faites vite ce qu'il faut pour qu'il s'éloigne.

M. LE CURÉ. Je le veux bien. Mais, si auparavant je vous le faisais connaître, vous n'en auriez pas de regret ?

LES ENFANS. Quoi ! le faire entrer ici ?

M. LE CURÉ. Oui ; si monsieur et madame veulent bien le permettre : il sortira aussitôt que l'un de nous le désirera.

Monsieur de Verseuil fit un signe de tête, et M. le Curé se leva. — Attendez un instant, s'écria Gertrude en se sauvant dans une alcôve dont elle ferma bien soigneusement les rideaux. Cécile se cacha auprès de sa mère , et Victor se mit entre les genoux de son oncle. Albert fut le plus poltron ; il alla se cacher avec Gertrude.

M. le Curé ayant ouvert la porte, on entendit le bruit confus qui s'avançait du fond du corridor, et l'on vit entrer dans la chambre.... quoi, s'il vous plaît?... une chauve-souris, dont les ailes déployées formaient un volume assez considé-rable : elle fit plusieurs fois le tour de la chambre, en frappant les vitres et les boiseries ; ensuite elle se posa sur une corniche au-dessus de la cheminée.

Comment! s'écrièrent les enfans confus, c'est là l'esprit qui nous a battus? et ils appelèrent leur frère et leur bonne. Albert, voyant tout le monde tranquille, s'avança sur la pointe du pied jusqu'au bord de l'alcove, puis passa tout doucement la tête entre les rideaux, et ne remarquant rien autre chose que l'espèce d'oiseau perché en face de lui, il vint enfin rire avec son frère et sa sœur de leur terreur panique ; puis tous trois allèrent ensuite tirer du fond de sa cachette la pauvre Gertrude, qui tremblait de tout son corps.

M. LE CURÉ. Vous voyez la cause de votre épouvante ; voilà le terrible revenant ! Cette pauvre chauve-souris aura trouvé quelque issue pour s'introduire dans la salle des portraits.

Victor. C'est moi qui en suis cause ; tantôt j'ai cassé un carreau, en jouant avec ma balle.

M. le Curé. Vous pouvez maintenant tout expliquer comme moi : la chauve-souris, bien fâchée de se trouver enfermée dans la salle, a vu la clarté aussitôt que la porte a été entr'ouverte ; elle s'est précipitée du côté de la lumière ; elle a touché Gertrude, a fait tomber son bonnet et votre flambeau. En volant dans le corridor, elle s'est heurtée contre chacun de vous, et son choc, joint à votre frayeur, vous a renversés : il n'y a dans tout ceci rien que de très-simple. Quand il s'introduira de ces oiseaux dans la maison, ouvrez une fenêtre, et ils sortiront aussitôt. Vous allez voir que celui-ci ne demande pas mieux que de recouvrer sa liberté.

M. DE FORBIN. Permettez, monsieur le Curé ; je serais d'avis d'attraper cette bête et de la mettre un instant entre les mains de ces petits poltrons, pour les convaincre encore davantage, et les guérir de leur sotte frayeur.

Ceci fut une partie de jeux pour les enfans, qui les divertit beaucoup. Quand on eut bien caressé cette chauve-souris, on ouvrit une fenêtre, et elle ne se fit pas prier pour gagner les champs.

Cécile. Nous voyons que, dans cette circonstance, nous avons eu tort d'avoir peur; mais cependant on raconte des histoires certaines de revenans?

Mad. de Verseuil. Ecoute, ma fille : si la chauve-souris s'était échappée aussitôt après l'alarme qu'elle vous a donnée, vous auriez toujours voulu attribuer votre aventure à une cause surnaturelle; vous auriez aussi raconté, comme une chose certaine, que vous aviez été battus par un esprit.

M. le Curé. Toutes les histoires d'apparitions, de spectres, de fantômes, de revenans, n'ont point d'autres fondemens que la peur et l'ignorance. Dans ces événemens,

tout n'est pas faux ni imaginaire,
il y a du vrai; et ce vrai, dont les
causes naturelles sont inconnues
aux personnes effrayées qui ne
cherchent pas à les découvrir, se
transforme pour elles en une chose
merveilleuse; alors un incident
fort simple passe dans leur imagination pour un prodige. Pourquoi
voudriez-vous que Dieu permît
aux morts de venir ainsi tourmenter les vivans?

GERTRUDE. Cela ne serait sans
doute que pour demander des
prières?

M. Le CURÉ. Eh! dites-moi, je
vous prie, quelle vertu pourraient
avoir auprès de Dieu des prières
arrachées par la frayeur? Pensez-

(35)

vous qu'il n'y ait que le très-petit
nombre de ceux qui , soi-disant ,
reviennent demander ces prières ,
qui en aient besoin ? Pourquoi
Dieu , Dieu la bonté même , n'ac-
corderait-il pas cette faveur à tous
ceux à qui elle est nécessaire ? Non,
mes enfans, ce système n'est point
d'accord avec les lois de la divinité.
Dans des temps de superstition ,
l'intérêt de quelques individus a
enfanté ces sortes de prodiges ;
l'ignorance et la crédulité y ont
fait ajouter foi ; et la frayeur en a
ensuite créé un nombre infini
d'imaginaires.

C'est ainsi que, du temps de saint
Louis, les religieux que ce monarque avait établis à Gentilly , voyant

de leurs fenêtres le palais de Vau-
vert, bâti par le roi Robert, abandonné par ses successeurs, et dont
on pouvait faire un monastère com-
mode et agréable, s'avisèrent d'un
stratagème pour en devenir pos-
sesseurs. On n'entendit plus dans
ce palais que des hurlemens affreux. On y voyait des spectres
traînant des chaînes, et toutes
sortes de fantômes. Un monstre
vert semblait toujours prêt à s'élancer la nuit sur les passans. Que
faire d'un pareil château? Les char-
treux le demandèrent à saint Louis:
il le leur donna avec toutes les
terres qui en dépendaient; et, dès
ce moment, les revenans n'y repa-
rurent plus. Aujourd'hui qu'on est

plus éclairé, on sentirait que c'est blesser la religion que de mettre ainsi en jeu les morts et l'enfer; et l'on punirait ceux qui chercheraient à surprendre la crédulité du peuple.

ALBERT. Ne serait-ce pas par suite de cet événement que la rue d'*Enfer* reçut son nom ?

M. LE CURÉ. Précisément : je connais un peu ce qui concerne votre grande ville; je l'ai habitée long-temps; j'y ai même été témoin d'un exemple terrible de ce que peut causer une frayeur irréfléchie; mais je vous réserve ce récit pour un autre moment.

M. DE FORBIN. Les anciens, dans des circonstances importantes, ont

quelquefois dû à de semblables
moyens préparés d'avance, le suc-
cès des plus grandes entreprises.
Jules-César étant prêt à passer le
Rubicon, un homme d'une taille
extraordinaire apparut tout-à-coup
à la tête de l'armée ; et, saisissant
la trompette d'un soldat, il sonna
la charge et s'élança dans le fleuve.
« Amis ! dit Jules-César à ses soldats , allons où les présages des
dieux et l'injustice de nos ennemis
nous appellent. »

Victor. Jules - César connaissait donc cet homme ?

M. de Forbin. Sans doute ; en
général habile et qui sait combien
le merveilleux peut influer sur le
cœur des hommes, il l'avait choisi

secrètement, et lui avait ordonné de jouer ce rôle pour enflammer ses troupes.

Une apparition bien plus compliquée, mise en action par un roi d'Ecosse, ranima le courage et la gloire de ses peuples. Les Pictes, dans une guerre contre les Ecossais, tuèrent le roi lui-même, et défirent la plupart de sa noblesse. Cenethus, fils du roi d'Ecosse, désirant de venger la mort de son père, exhorta les seigneurs de son royaume à reprendre les armes, et à attaquer les Pictes ; mais il ne réussit point à les déterminer, parce qu'ils songeaient aux malheurs récens de la dernière guerre. Cenethus, voyant qu'il ne pouvait, par la persuasion, les porter à venger la mort de leur roi et leur propre honneur , eut recours à l'artifice : feignant de vouloir être éclairé sur les affaires de l'Etat , il manda les chefs du royaume pour assister au conseil, et les fit loger dans son château.

Une nuit , à peine ces seigneurs étaient-ils endormis, qu'un fantôme horrible pénétra dans la chambre de chacun d'eux, tenant en main une espèce d'épée flamboyante, et leur dit d'une voix sourde , mais assurée, qu'il était envoyé de Dieu pour leur ordonner la guerre contre les Pictes , et que la victoire leur était assurée : ce fantôme disparut aussitôt.

Dès le matin, les princes vinrent trouver le roi, à qui chacun communiqua sa vision. Cenethus parut étonné, et leur confia qu'il en avait eu une semblable. La guerre fut aussitôt résolue ; et les Écossais, enhardis par la promesse qui leur avait été faite qu'ils remporteraient la victoire, assaillirent les Pictes avec tant d'ardeur, que non-seulement ils gagnèrent la bataille, mais qu'ils les exterminèrent entièrement.

CÉCILE. Puisque tous ces seigneurs, des peuples et des armées entières croyaient à la réalité de ces apparitions, il nous est bien pardonnable d'avoir cru aussi aux revenans.

M.. DE VERSEUIL. C'était pardonnable dans ces temps-là, parce que les lumières d'une raison cultivée n'étaient le partage que de quelques êtres privilégiés. Mais au-jourd'hui que les connaissances sont répandues presque dans toutes les classes de la société, on doit ranger de telles idées avec les contes de fées, de sorciers, et autres fables semblables.

ALBERT. Tu nous as dit qu'il n'avait jamais existé de fées, et que la construction de ce château, qu'on prétend être leur ouvrage, est un vieux conte comme ceux du Petit Poucet et du Chat botté ; mais les sorciers ne sont pas des êtres imaginaires, car j'ai entendu parler de gens qu'on accusait de l'être, et qui ont été condamnés au feu.

M. DE VERSEUIL. Il est vrai que l'on a cru aux sorciers, et que l'on a brûlé des malheureux qui pas-

saient pour tels : c'était le déplo-
rable effet de l'ignorance du temps.

M. LE CURÉ. Oui , mes petits
amis , il fut un temps où l'on n'entendait parler que de sorciers ;
c'était une manie ; on les poursuivait en justice, on les condamnait
au feu, et, jusque dans les flammes , ces fanatiques soutenaient
l'esprit de leur rôle.

CÉCILE. Comment ! ils aimaient
mieux se laisser brûler que de dire
la vérité ?

M. LE CURÉ. Je conçois que
cela a droit de vous étonner; mais
ces gens, après avoir passé pour des
êtres extraordinaires, ne voulaient
pas déchoir de l'opinion qu'ils
avaient donnée d'eux ; ils étaient
glorieux de leur titre , et le soute-

naient jusqu'à la mort. Il y a mieux, plus on poursuivait les sorciers, plus ils se multipliaient.

CECILE. Je ne comprends pas encore cela. S'il n'y avait que la mort à espérer, pourquoi donc cette fureur ?

M. LE CURÉ. Tous les prétendus sorciers n'étaient pas pris ; il n'y avait que les plus maladroits ou les plus entêtés qui s'exposaient assez pour cela. Les autres vivaient à leur aise et en fainéans des largesses que répandaient sur eux, et à pleines mains, les insensés qui croyaient à leur prétendue science. Du moment qu'on ne les a plus persécutés, le métier a perdu son crédit, et les sorciers de ces temps-là ne comptent plus de successeurs aujourd'hui que parmi ces pauvres hères qui tirent les cartes et disent la bonne aventure pour quelques sous dans nos places publiques. Il est permis à tout le monde d'être sorcier comme cela.

M. DE FORBIN. On rencontre cependant encore quelquefois des drôles qui veulent jouer le rôle de sorcier avec toute sa burlesque dignité. J'ai vu, il y a quelques années, un vieux pâtre, nommé Rocafiol, qui vint fixer son domicile dans un des faubourgs de Montpellier, où il exerçait la profession de médecin-sorcier. Une troupe imbécile et crédule accourait tous les jours des extrémités de la ville, et même des lieux circonvoisins, pour consulter le devin.

J'eus la curiosité d'aller visiter ce grotesque personnage dans son manoir mystérieux : au fond d'une cabane obscure et enfumée, je vis un vieillard assis dans un fauteuil antique ; son front sillonné, sa barbe longue et blanche, ses habits, ou plutôt ses haillons de mille couleurs, offraient un coup d'œil dont un comédien aurait pu très-bien tirer parti. Quand tout était préparé, on faisait entrer l'un après l'autre les malades qui venaient exposer leurs infirmités. Cet Esculape d'un nouveau genre leur répondait: *On vous a ensorcelés, je romprai le charme;* faites des habits et du linge neuf ; apportez-ici ceux dont vous vous êtes servis jusqu'à ce jour : je brûlerai le tout samedi

à minuit, dans les champs; je bat-
trai la souche, jé forcerai celui qui
vous tourmente à se taire, et mille
autres balivernes de cette espèce.
Sa recette était la même pour tout
le monde.

Rien n'égalait le désintéresse-
ment de ce Rocafiol; il n'accep-
tait ni cadeaux ni honoraires. Cette
générosité était sans doute admi-
rable dans un gueux; mais la police, qui est sorcière aussi, s'est
occupée de son sort; elle a fait faire
des fouilles chez les revendeurs de
nippes, et, comme vous pouvez bien
le penser, chacun a reconnu les
effets qu'il avait donnés pour être
brûlés. Vous croyez peut-être que
Rocafiol fut déconcerté, qu'il laissa
tomber son masque de sorcier pour

avouer franchement son charlata-
nisme ? Point du tout ; il soutint
que les effets avaient été réellement
brûlés par lui ; mais que sans doute
quelque sorcier, ayant un pouvoir
au-dessus du sien, les avait fait
renaître de leurs cendres pour le
perdre.

Victor. C'est précisément comme
les génies de nos contes de fées,
qui sont toujours opposés les uns
aux autres, avec une puissance plus
ou moins étendue.

M. le Curé. Eh bien, dans d'autres temps, au lieu de se borner
à renfermer cet homme comme
un escroc, on lui aurait fait son
procès comme sorcier, et il est
probable qu'il eût mieux aimé
mourir avec sa réputation que de

se démentir. Je vais vous parler d'un homme respectable qui n'est nullement à comparer avec le malheureux dont il vient d'être question. J'ai étudié à l'ancienne Université de Helmstedt, sous un savant professeur, M. Beireis, qui passait, aux yeux de beaucoup de monde, pour un sorcier, parce qu'il possédait quelques secrets de chimie. Un jour il parut à la table du duc de Brunswick, vêtu d'un bel habit de drap gros bleu. Au milieu du dîner, on s'aperçoit que son habit est devenu violet, et avant qu'on se fût levé de table, il était d'une superbe couleur écarlate. Depuis cette expérience, M. Beireis devint l'objet de la curiosité publique ; et il se plut à confirmer les gens crédules dans l'idée qu'il était magicien.

ALBERT. Comment! il est possible qu'un habit change ainsi trois fois de couleur, sans qu'on y touche?

M. DE FORBIN. La physique et la chimie donnent les moyens de faire quantité d'expériences aussi curieuses.

M. DE VERSEUIL. Je me souviens d'une aventure assez plaisante arrivée à Bâle, après l'exécution d'un chaudronnier qui fut pendu comme sorcier. Il avait été ensuite exposé à des fourches patibulaires peu distantes de la ville. Le lendemain de l'exécution, un paysan qui s'était hâté de nuit d'aller au mar-

ché de la ville, étant arrivé avant
que les portes fussent ouvertes,
alla se reposer sous un arbre, sans
se douter qu'il était près du gibet.
L'obscurité de la nuit n'était pas
encore dissipée, lorsque d'autres
hommes qui se rendaient aussi à
la ville, passant devant les fourches
patibulaires, et sachant que le chaudronnier y était exposé, l'un d'eux,
pour faire le plaisant, se mit à crier
s'il voulait venir avec eux. La paysan qui était dessous l'arbre ;
croyant qu'on s'adressait à lui, et
étant bien aise de trouver compagnie, répondit : volontiers, atten-
dez-moi, nous irons ensemble. A
ces mots, le questionneur et tous
ceux qui étaient avec lui s'enfuirent épouvantés, et racontèrent

dans la ville que le pendu leur avait parlé; ce qui établit encore bien mieux sa réputation de sorcellerie.

M. LE CURÉ. Remarquez bien, mes petits amis, que presque toutes les aventures de revenans arrivent la nuit, parce que, dans l'obscurité, la crainte nous fait voir et entendre bien des choses qui ne sont pas, ou nous empêche de remarquer d'où provient ce que nous voyons et entendons. Dans ces circonstances, quand notre imagination n'est pas fortement prémunie contre la peur, elle grossit nos visions, et devient elle-même la source de nos alarmes.

M. DE VERSEUIL. Toutes les fois, mes enfans, que quelque chose se présentera à vous d'une manière surnaturelle, songez bien que c'est ou une illusion de vos sens, ou qu'il y a des causes dont vous ne voyez que les effets. Je veux vous donner tant de preuves à cet égard, que vous ne soyez jamais tentés de vous laisser aller à des idées aussi contraires à la raison, que nuisibles à la santé. A votre âge, ces frayeurs sinistres non-seulement étouffent le courage de l'âme, mais en outre paralysent le développement des forces du corps. L'homme peureux, craintif, ne jouira jamais pleinement de son existence.

VICTOR. Cela est bien vrai; car je ne vois jamais approcher la nuit sans en ressentir de la peine. Si je suis seul, j'éprouve du malaise, je n'ose remuer. Quand je suis cou-

ché, le moindre bruit me fait fris-
sonner ; mes yeux semblent toujours apercevoir des fantômes ; je
crois sentir que l'on me touche ;
mon cœur bat avec force, la res-
piration me manque, il me serait
impossible alors de parler, et je
souffre comme si j'étais bien malade. Mon frère et ma sœur sont
tout comme moi.

M. DE FORBIN. Corbleu ! comment voulez - vous devenir des
hommes , si cela continue ?

ALBERT. Oh, quant à moi, mon
oncle, l'aventure de ce soir m'a
déjà bien raffermi , et j'espère me
débarrasser tout–à–fait de cette
vilaine peur.

M. LE CURÉ. Je serai charmé de
contribuer à votre guérison , et

j'espère, avant trois jours , vous
voir assez raisonnables pour ne
pas craindre de vous mettre en
rapport avec certain spectre qui
est chez moi, et dont la familiarité
vous délivrera de la peur de tous
les autres.

Les Enfans. Un spectre !

M. le Curé. Oui, vraiment; un
spectre avec lequel j'ai fait connaissance, il y a long-temps, et qui
m'a l'obligation de se trouver encore ici-bas.

Cecile. Quoi ! il est visible chez
vous? Nous ne l'avons pas vu lorsque nous y avons été ?

M. le Curé. C'est un revenant
de Paris, où il est né, où il est mort.
Je lui permets quelquefois de faire
des absences de chez moi ; il n'est

revenu dans ma maison que ce soir.

Victor. Mais vous disiez qu'il n'en existait pas?

M. le Curé. Non, il n'existe ni spectres ni fantômes qui reviennent pour effrayer et tourmenter ceux qui ne les recherchent pas ; mais j'ai recherché celui dont je parle, il me doit sa conservation, et il n'apparaît devant les étrangers que lorsque je le veux.

Gertrude ouvrait de grands yeux pour regarder M. le Curé; et il lui passait bien des idées par la tête.

Dix heures sonnèrent en ce moment à l'horloge du château ; le pasteur se leva pour se retirer. — Nous serons bien contens d'aller chez vous demain, dirent les enfans, si l'on veut nous le permettre.

Cette intention de leur part fit bien plaisir à M. de Verseuil ; elle lui annonçait l'heureuse disposition de ses enfans à maîtriser leurs vaines craintes: la veille, ils n'auraient pas eu le courage de songer seulement à entrer chez M. le Curé, si on leur eût dit qu'il y avait un revenant.

D'après cette simple annonce, Gertrude se promit bien à elle-même de n'y jamais mettre le pied.

Les enfans reconduisirent le pasteur jusqu'à la grille du château, et traversèrent ensuite les cours et les corridors sans songer qu'ils n'étaient accompagnés de personne. — Bien ! très-bien ! dit M. de Forbin, nous en ferons des hommes ; il y a tout lieu d'espérer à présent.

SECONDE PARTIE.

Les enfans étaient venus de grand matin souhaiter le bonjour à leur mère, et lui demander si elle leur permettrait d'aller chez monsieur le Curé. Elle le leur avait accordé, pourvu qu'ils obtinssent aussi la permission de leur père; ils allèrent aussitôt la lui demander.

Madame de Verseuil exprimait à Gertrude toute sa joie de l'heureux changement qui s'était opéré dans le caractère craintif de ses enfans. —Tenez, madame, lui dit celle-ci, je ne veux pas parler; tant mieux s'ils sont guéris. Quant à moi, je ne dormirai tranquille que quand je serai de retour à Paris.

Mad. DE VERSEUIL. Comment! l'aventure d'hier ne t'a pas entièrement rassurée?

GERTRUDE. Il s'en faut; et, depuis hier, il s'est passé bien d'autres choses.

Mad. DE VERSEUIL. Que s'est-il donc passé?

GERTRUDE. J'ai eu une belle peur cette nuit! Qu'on vienne me dire que les morts ne reviennent pas, surtout dans des maisons comme celle-ci! Oh le maudit château! je voudrais bien en être dehors.

Mad. DE VERSEUIL.. Quoi! M. le Curé ne t'a pas convaincue que tes frayeurs étaient chimériques?

GERTRUDE. M. le Curé lui-même m'a bien donné à penser.

Mad. DE VERSEUIL. Et qu'as-tu donc pensé, ma pauvre Gertrude ?

GERTRUDE. J'ai pensé qu'en sa qualité de prêtre, il a beaucoup de pouvoir sur les esprits, qu'il aura conjuré celui d'hier, et nous l'aura fait apparaître sous la forme d'une chauve-souris.

Mad. DE VERSEUIL. Oh ! Gertrude, que vous êtes peu raisonnable !

GERTRUDE. Cela vous plaît à dire, madame. Au contraire, je réfléchis. Pourquoi le spectre, qu'il a maintenant chez lui, n'y est-il que depuis hier soir ? parce que ce n'est que de ce moment que la prétendue chauve-souris a quitté ces lieux.

Mad. DE VERSEUIL. Mais ne vois-tu pas que cette annonce d'un revenant chez lui n'est qu'une plaisanterie pour exciter la curiosité de mes enfans, ou quelque moyen ingénieux qu'il veut employer pour les rendre plus hardis? Ne l'avons-nous pas tenue entre nos mains, cette chauve-souris? Or, les esprits, rapporte-t-on, ne sont pas palpables.

GERTRUDE. Au surplus, cette nuit, c'était bien pire que la chauve-souris.

Mad. DE VERSEUIL. Qu'est-il donc arrivé cette nuit?

GERTRUDE. Oh bien, madame, puisque vous voulez que je vous

le dise, le voici : je dormais bien profondément, lorsque j'ai été réveillée par le bruit de quelqu'un qui se promenait dans les corridors; j'ai entendu ouvrir et fermer des portes, on a été sans doute dans le parc, puis on est revenu. Le vent faisait entendre un sifflement aigu, toutes les fenêtres tremblaient, je crois, autant que moi. Personne de la maison ne serait tenté, je pense, d'aller dans cette saison se promener ainsi la nuit.

Mad. DE VERSEUIL. Tiens, écoute cette histoire : Une femme de beaucoup d'esprit, du temps de Louis XIV, madame Deshoulières, se trouvait chez des amis à leur campagne ; prévenue qu'un fantôme venait chaque nuit se pro-

mener dans l'un des appartemens
du château, elle eut la curiosité
de vouloir s'en convaincre par elle-
même, et assez de fermeté pour
approfondir cette aventure. Depuis long-temps personne n'osait
habiter l'appartement en question:
elle s'y rendit après le souper, et
se coucha bien tranquillement. Au
milieu de la nuit, elle entendit
ouvrir sa porte ; on s'avança dans
sa chambre d'un pas lourd et pe-
sant; on renversa une table qui
était près du lit, et on remua les
rideaux : il y avait de quoi être
effrayé. Cependant madame Deshoulières surmonta toute crainte ;
et allongeant ses deux mains pour
sentir si le spectre avait une forme
palpable, elle rencontra deux oreil-

les longues et velues. Ces deux oreilles lui donnaient beaucoup à penser; mais continuant à vérifier, elle reconnut que le fantôme n'était autre chose qu'un gros chien assez pacifique , qui , n'aimant point à coucher à l'air , avait l'adresse de pénétrer dans l'intérieur de la maison par un carreau brisé , et venait coucher dans cette chambre , dont la serrure ne fermait pas bien. Le chien de la cour ne serait-il pas ton revenant de cette nuit ?

GERTRUDE. Non, madame , ce n'est pas cela ; demandez à Gérard, votre concierge , à qui l'esprit a parlé.

Mad. DE VERSEUIL. Il lui a parlé !

GERTRUDE. Oui , madame ; et

il en est encore tout malade. Il y a précisément un an à pareil jour que son père est mort. Eh bien, vers minuit, il est venu frapper aux carreaux de la fenêtre, et a crié à son fils : *Gérard, songe à moi, n'oublie pas ce que je t'ai demandé.* Avant de mourir, ce brave homme lui a recommandé de faire dire tous les ans une messe pour le repos de son âme, et d'acquitter une petite dette qu'il laissait. Malheureusement Gérard a négligé de la payer; c'est sans doute pour cela que son père est revenu.

Mad. DE VERSEUIL. Gérard aura rêvé ce qu'il t'a rapporté.

GERTRUDE. Non, madame, il a bien entendu la voix du défunt,

et Brigitte, sa femme, l'a entendue de même.

M. de Verseuil entra chez sa femme avec les enfans, et un instant après, M. de Forbin arriva. —Ma sœur, dit-il, c'est aujourd'hui la fête de ma petite Cécile; comme je suis bien content d'elle, je vais lui donner de jolis livres que j'ai fait venir de Paris. Gertrude, allez voir si Gérard a été les chercher chez le libraire, à la ville voisine. Gertrude revint un instant après dire que Gérard avait oublié sa commission; mais qu'il venait de partir sur-le-champ.

M. de Forbin. Le maraud l'a donc fait exprès ?

Gertrude. Pardonnez-lui, monsieur; car c'est bien excusable

d'après ce qui lui est arrivé.

M. DE FORBIN. Qu'est-ce-donc?

Mad. DE VERSEUIL. C'est une grande aventure qui ne'st pas très-claire; je vous conterai cela.

M. DE FORBIN. Je devais d'autant moins m'attendre à cet oubli, qu'hier, au moment de me mettre au lit, craignant que ce nigaud manquât de mémoire, je suis descendu exprès pour lui rappeler ma commission.

Mad. DE VERSEUIL. Sur le minuit?

M. DE FORBIN. Minuit sonnait comme je remontais.

Mad. DE VERSEUIL. Vous avez frappé à sa porte?

M. DE FORBIN. Non; mais à sa croisée.

Mad. DE VERSEUIL. Et que lui avez-vous dit ?

M. DE FORBIN. Je lui ai dit qu'il songe à moi, qu'il n'oublie pas ce que je lui avais demandé. Mais à quoi bon toutes ces questions ?

Mad. DE VERSEUIL. Je vais vous l'expliquer, tandis que Gertrude apprêtera le déjeuner; car je pense qu'elle serait trop confuse si j'en faisais le récit devant elle ; n'est-ce pas, Gertrude ? Oh ! le maudit château! le maudit château! répéta madame de Verseuil, en riant de tout son cœur.

Elle fit alors le détail de tout ce que la gouvernante, de son côté, et le concierge, du sien, avaient imaginé d'après la sortie nocturne du capitaine; et chacun rit beaucoup de cette nouvelle terreur panique de la pauvre Gertrude.

Vous voyez, dit M. de Verseuil, que voilà une seconde apparition qui n'aurait pas manqué d'ajouter à la réputation de ce château. C'est ainsi qu'on forge des histoires, lorsqu'on s'abandonne à la peur sans réfléchir.

Je me souviens, dit M. de Forbin, d'une autre peur que je fis un jour, sans le vouloir, à un pauvre diable. Pendant un séjour que je fis à Paris, je pris un logement garni; et j'étais un matin dans mon lit à réfléchir que j'avais eu tort de laisser ma clef à la porte d'entrée, parce qu'il serait facile de me prendre divers effets qui étaient dans une petite antichambre. Tandis que ces idées me roulaient par la tête, un menuisier montait chargé d'un cercueil pour un homme qui venait de mourir dans une chambre voisine. Le menuisier croyant entrer chez le mort, ouvre ma porte et dit en entrant : « Voilà une bonne redingote pour l'hiver. » Je crus qu'on me volait. Ah ! coquin, tu oses te moquer de moi, dis-je, en sautant hors du lit. Cet homme, me voyant paraître nu en chemise, laissa tomber son cercueil, et se sauva à toutes jambes, ne doutant pas qu'il n'eût le mort à ses trousses.

ALBERT. Le quiproquo de cet homme dut bien vous amuser ?

M. DE FORBIN. En revanche, une

autre fois, il m'arriva une aventure de spectre qui aurait eu de quoi m'effrayer, si j'avais été craintif. Mais cela me rappelle que M. le Curé doit vous en faire voir un de sa connaissance; allons le trouver.

Cécile. Mon oncle, dites-nous auparavant votre aventure.

M. de Forbin. Vous le voulez? la voici. En passant à Grenoble, comme militaire, je fus logé chez des bourgeois. J'entendis, la nuit, marcher à grands pas dans ma chambre quelqu'un qui traînait des chaînes. En prêtant l'oreille, je distinguai qu'on allait du côté de la cheminée. On remua les cendres où j'avais enterré un tison; ce qui fit une lumière, à la faveur de laquelle j'aperçus un grand

homme sec , qui avait les joues
creuses , un regard effroyable , et
des chaînes aux mains et aux pieds.
Ce spectre s'approcha ensuite d'une
table où il y avait deux pistolets
chargés ; il en prit un , le banda
en le regardant, puis le remit brus-
quement sur la table ; après quoi
il vint droit à mon lit , et me dit
d'une voix lugubre et terrible : que
fais-tu là ? — Je tâche de dormir
lui répondis-je. Et toi, que viens-tu
faire ici ? — Je veux me coucher;
retire-toi. Et il se mit à me pousser
comme s'il eût voulu me jeter hors
du lit. Je ne savais trop que penser
de cette scène, lorsque j'entendis
du monde crier dans la cour : le
fou est échappé. Je me jetai alors
sur ce grand diable de corps, que

je tins embrassé de toutes mes forces, jusqu'à ce qu'on fût venu me délivrer d'un si vilain camarade. C'était un fou maniaque, père du maitre de la maison, et qui s'était échappé du corps-de-logis où on le tenait renfermé habituellement.

Dans une pareille circonstance, lorsque le spectre serait venu à vous, dites-moi, enfans, qu'auriez-vous fait?—J'aurais crié bien fort, pour appeler du secours, dit Cécile.

— Je me serais saisi des chaînes qu'il avait aux mains, pour l'empêcher d'agir contre moi, dit Victor.

—Ma foi, dit Albert, j'aurais sauté sur mes pistolets, et l'ajustant aussitôt, je lui aurais conseillé de décamper au plus vite, ou sinon....

—Bien, mes enfans, reprit le Capitaine. Je crois que M. le Curé peut maintenant vous faire apparaître les plus méchans lutins..... Allons le voir.

Ce fut une grande partie de plaisir pour nos trois petits peureux. Ils n'étaient pas encore très-fermes; mais la curiosité l'emportait sur la crainte. Ils avaient néanmoins résolu entre eux de faire bonne contenance, telle chose qu'ils vissent ou entendissent, et ils s'étaient promis de ne point se quitter.

Ils trouvèrent M. le Curé avec un jeune homme de dix-huit ans environ, qu'il présenta comme son neveu, étudiant en chirurgie près la Faculté de Paris. M. de Forbin fit bien rire M. le Curé, en lui apprenant l'effroi qu'il avait causé la nuit à Gérard et à la dame Gertrude. — Il faut convenir, dit M. le Curé, que le hasard rapproche quelquefois un concours de circonstances qui semblent tellement liées ensemble, qu'elles doivent nécessairement surprendre au premier coup d'œil. Gérard pensait sans doute à son père au moment où vous vîntes lui parler, et vos paroles se trouvèrent telles qu'aurait pu les proférer le défunt. Que Gérard se soit donc laissé aller d'abord à la surprise, cela se conçoit ; mais, s'il avait seulement demandé qui lui parlait ainsi, vous répondiez, et tout le prestige était détruit. C'est parce que les gens craintifs, ignorans, ne font jamais de recherches , qu'il circule tant d'histoires qui ont quelque apparence de vérité. A votre arrivée, je rapportais à Ernest, mon neveu, notre aventure de la chauve-souris , et il allait à son tour me raconter un trait qui lui est personnel.

On pria M. Ernest de faire part de ce trait ; voici ce qu'il dit : Un jour une domestique de chez mon père étant descendue à la cave , en remonta avec une frayeur sans égale , s'écriant qu'elle venait d'y voir un spectre. On se moqua d'elle, et les plus hardis d'entre quelques voisins descendirent pour vérifier ce rapport ; mais ils remontèrent aussi promptement, et avec autant de frayeur que cette pauvre servante. Le bruit courut dans la maison, et se répandit bientôt dans tout le quartier, que nous avions un revenant dans notre cave. On y venait en foule pour le voir, et chacun s'en retournait convaincu. J'arrivai sur ces entrefaites; je descendis aussi à la cave; je vis, comme tout le monde, un grand corps pâle et décharné, debout, absolument nu, et dont les yeux à demi-fermés étaient effrayans. Personne n'osait approcher, et l'on me crut perdu lorsqu'on me vit avancer. Je remuai un tonneau pour parvenir à ce corps, il fit un mouvement, tout le monde s'enfuit, et je restai seul avec ce spectre, qui était tombé dans mes bras.

VICTOR. Ah ! mon Dieu, qu'est-ce que c'était que ce spectre, et d'où venait-il ?

ERNEST. C'était réellement un mort. Le chariot de l'Hôtel-Dieu, qui transporte au cimetière ceux qui décèdent dans cet hôpital, ayant versé la nuit précédente près de notre maison, et les corps étant tombés sur le pavé, celui-ci avait passé par le soupirail de la cave; et, comme il était tombé entre deux tonnes, il se tenait droit. Cette découverte détruisait toutes les conjectures qu'on avait pu former; mais telle est la faiblesse humaine, que nous fûmes les seuls qui restâmes dans cette maison ; tous les autres habitans la quittèrent, personne n'osant plus descendre dans les caves.

M. DE FORBIN. Voyez comme on se rend esclave, et par consé-

quent malheureux, par un carac-
tere faible et craintif !

M. le Curé. Étant vicaire d'une
pàroisse de Paris, j'ai participé à un
événement bien extraordinaire,
qui fut causé par un enchaînement
singulier de circonstances. Un
fossoyeur ayant vu ensevelir un
homme riche auquel, d'après ses
dernières volontés, on avait laissé
au doigt un anneau d'un grand
prix, résolut de le lui dérober.
Étouffant le cri de sa conscience,
qui lui ordonne de ne point violer
l'asile des morts, il se rend dans le
caveau où l'on avait laissé ce cercueil, qu'on devait placer le jour
même dans une tombe particulière
qu'on préparait dans une chapelle
de l'église. Il s'était muni d'une

7*

lanterne sourde, et de quelques
outils propres à son opération.
Ayant vu cet homme ouvrir la
porte d'entrée des souterrains, et
n'ignorant pas la particularité de
l'anneau, je conçus des soupçons.
J'avais un moyen de m'en assurer
en entr'ouvrant la trappe qui donnait de l'église dans les caveaux de
sépulture. Je m'y pris avec assez
de précaution pour n'être pas entendu. J'aperçois mon voleur ; il
ouvre le cercueil, et, détachant le
linceul qui enveloppe le cadavre,
il s'empare de la main pour retirer
l'anneau funeste qui l'a tenté. Les
doigts étaient enflés, il n'en pouvait venir à bout ; je lui vois prendre son couteau et couper le doigt
où était le diamant. « Malheureux!

lui criai-je de toute ma force , qu'ose-tu faire là ? »

Il crut sans doute entendre une voix surnaturelle; ces mots le glacèrent d'épouvante. En faisant quelques mouvemens , il renversa sa lanterne , et sa lumière s'éteignit. Je ne distinguai plus rien; mais je l'entendis reclouer le cercueil. Je me rendis à la porte des souterrains pour l'attendre à la sortie; une demi-heure s'étant écoulée , et ne le voyant pas venir, je pris de la lumière , et je descendis. Je trouvai ce malheureux renversé sur le cercueil, et ayant perdu connaissance. Je le rappelai à lui : Vous avez fait une vilaine action , lu dis-je, et vous n'êtes pas sans doute sans vous en repentir ; sui-

vez-moi, et ne craignez rien de ma
part. Ses forces n'étaient pas encore revenues ; je voulus l'aider à
se relever..... dans ce moment ma
lumière fut éteinte. « C'est en vain
que je veux fuir, me dit-il, celui
que j'ai dépouillé me retient toujours ; je suis perdu! » Et il s'éva-
nouit de nouveau. J'essayai de l'en-
traîner, mais il était effectivement
retenu. J'allai chercher le suisse; et
nous reconnûmes que ce malheureux, en refermant le cercueil dans
l'obscurité, avait cloué le pan de
son habit entre deux planches;
voilà ce qui lui avait fait imaginer
qu'il était arrêté par la vengeance
divine.

Tandis que je lui donnais des secours, le suisse ouvrait le cercueil;

jugez de sa surprise ! La dernière heure n'était pas encore sonnée pour celui qu'on avait descendu dans le tombeau ; l'action de notre voleur l'avait tiré de sa léthargie ; et, se trouvant à moitié désenseveli, il commença à ouvrir les yeux, à remuer les bras. J'admirai les moyens que la Providence avait pris pour soustraire cet homme au sort fatal qui l'attendait. Pendant ce temps-là, le fossoyeur revint à lui. Lorsqu'en ouvrant les yeux, il rencontra ceux du prétendu mort fixés sur lui, il en conçut une telle épouvante que sa raison en fut aliénée pour toujours.

Ernest. Si vous n'étiez pas venu au secours de cet homme, il pouvait périr dans cette situation. Une frayeur considérable arrête la circulation du sang, le fait refluer vers le cœur, et peut nous étouffer. Dans un monastère du Frioul, un frère, nommé Roch, ayant remarqué un religieux qui allait toutes les nuits faire sa prière devant une statue de saint Dominique, ôta cette statue de sa niche, et s'étant revêtu d'un habillement semblable à celui du saint, il se mit dans la même niche à sa place, tenant en main une discipline. Le religieux vint, suivant sa coutume, faire sa prière ; le frère déguisé le menaça, en remuant sa discipline. Le religieux eut peur et s'enfuit ; frère Roch le poursuivit ; le religieux ressentit alors une si terrible frayeur qu'il tomba évanoui. C'était le moment où les religieux venaient chanter l'office. Frère Roch alla au plus vite remettre la statue sur son piédestal, et accourut comme les autres au secours de celui qui était saisi de peur. On trouva que ses cheveux avaient blanchi en un instant, et il mourut peu de jours après sans avoir parlé. Frère Roch, fort repentant, raconta lui-même cette histoire à Thomas Campanelle, qui la rapporta.

M. LE CURÉ. On ne doit jamais chercher à effrayer personne ; les imprudens qui s'en avisent peuvent en devenir eux-mêmes les victimes. J'ai connu à Paris un cordonnier qui faisait profession de veiller auprès des morts ; et tout en rem-

plissant cette fonction , il travail-
lait quand il était pressé d'ouvrage.
Des jeunes gens qui demeuraient
dans une maison où il y avait un
mort , résolurent d'effrayer le gar-
dien ; ils déplacèrent donc le cercueil , et le déposèrent dans un
coin ; puis l'un d'eux se mit sous
le drap mortuaire à la place. Le
cordonnier vint pour faire sa veil-
lée , et apporta en mêms temps de
l'ouvrage. Tout en travaillant, cet
homme se mit à fredonner quelques
airs. Alors le jeune homme caché
sous le drap, prenant un ton de voix
sépulcrale, dit : « On ne chante point
quand on veille les morts. » Le cordonnier ne fit pas grande attention
à cette voix, parce qu'il s'imagina
que c'était une illusion , et il conti-

nua. Mais comme un instant après on répéta les mêmes paroles, notre veilleur prit une forme, et la lança avec force sur le cercueil, en disant: «On ne parle point quand on est mort. » Le malheureux jeune homme caché là fut frappé à la tempe, et tué roide. Les autres jeunes gens, qui attendaient toujours la scène que devait produire l'effroi du cordonnier, n'entendant rien et ne voyant point revenir leur camarade, s'informèrent, et furent désespérés quand ils connurent le funeste résultat de leur démarche plus qu'inconséquente.

Les enfans regardaient de tous côtés s'ils ne verraient rien paraître, et ils étaient attentifs au moindre bruit. « Je vois, leur dit M. le

Curé, ce qui occupe votre esprit ; mais soyez tranquilles, vous ne verrez rien en ce moment.

ALBERT. C'est bien dommage ; nous vous promettons de ne pas avoir peur.

M. LE CURÉ. J'aime à le croire ; mais il me faut une certitude que je ne puis acquérir que par diverses épreuves que vous aurez à subir auparavant. Que vous n'ayez pas peur à présent, cela se conçoit, il fait jour et vous êtes en compagnie ; or, dans ces deux hypothèses, on ne voit jamais de revenant, parce que nos sensations se soutiennent avec force, et par conséquent l'imagination ne saurait prendre le dessus ; ce qui vous démontre clairement, mes petits amis, que toutes

les prétendues apparitions ne sont
que des visions de personnes dont
le cerveau est troublé par l'effroi.

M. DE FORBIN. J'aperçois de
cette fenêtre le cimetière du village.
Voyez-vous ce charnier où sont
rangés tous ces ossemens? Que di-
riez-vous, si vous voyiez tout-à-
coup une de ces têtes se déranger
de sa place, et venir de votre côté?

LES ENFANS. Il faut avouer, mon
oncle, que cela serait effrayant.

M. DE FORBIN. Ce prodige est
pourtant arrivé à Paris. Vous con-
naissez le marché des Innocens?

CÉCILE. Oui, cette grande place
où il y a une belle fontaine, et qui
est remplie de marchands de lé-
gumes et de fruits.

M. DE FORBIN. Eh bien! par une

bizarre destinée, l'on va chercher le soutien de la vie dans un lieu jadis consacré à la mort. Ce n'est qu'en 1786 qu'on transporta dans des cimetières hors de la ville l'innombrable quantité d'ossemens que contenait celui-ci. Ce transport se faisait ordinairement la nuit. Un soir, pendant qu'on chargeait la voiture funèbre d'ossemens, et que l'on confondait les têtes froides du riche, du pauvre, du savant et du sot, on vit, à la lueur des flambeaux, une de ces têtes remuer, se tourner en plusieurs sens, et faire deux ou trois bonds. Les intrépides fossoyeurs sentent leurs cheveux se dresser sur leurs têtes; ils reculent d'effroi.

Victor. Comment cette tête marchait toute seule?

(89)

M. DE FORBIN. Non pas toute seule précisément, car il s'était logé dedans un gros rat que l'on vit sortir un instant après ; et les éclats de rire succédèrent à la frayeur.

ALBERT. Je vois qu'il ne faut en effet s'effrayer de rien : c'était bien là le cas, ou jamais, de croire aux événemens surnaturels.

M. DE FORBIN. A coup sûr, s'il n'y avait eu là qu'une seule personne, et qu'elle eût été effrayée, elle se serait sauvée. Après avoir vu la tête se mouvoir, elle n'eût pas vu le rat en sortir ; et, par conséquent, elle serait demeurée convaincue que cet événement tenait du prodige.

Cette voiture des morts me remet en mémoire la *voiture du diable.* Cette voiture, dans son temps, effraya tout un faubourg de Paris. On la vit pendant plusieurs nuits : elle était noire, traînée par des chevaux noirs, et conduite par un cocher également noir. Elle paraissait sortir tous les soirs de la maison d'un homme riche mort depuis peu ; elle allait au grand galop des chevaux, et cependant elle ne faisait point de bruit ! c'était là un prodige à faire mourir de frayeur. On ne manqua pas de dire dans le quartier que c'était le diable qui venait chercher le corps du défunt : car quelle autre voiture pouvait courir sur le pavé sans être entendue ? Ce n'était cependant que celle d'un fripon qui avait envie d'avoir à bon compte la maison du gentilhomme décédé. Il avait attaché des coussins autour des roues de la voiture et sous les pieds des chevaux, pour donner à sa promenade nocturne l'apparence d'une œuvre magique.

Victor. J'ai lu dans l'histoire de France par Daniel, que Charles IX étant à la chasse dans la forêt de Lions, en Normandie, on vit paraître un spectre de feu qui épouvanta tellement tous ceux de la suite du roi, qu'ils s'enfuirent et le laissèrent seul. Ce prince, tirant son épée, piqua droit à ce feu extraordinaire, et le spectre disparut aussitôt.

M. de Forbin. Il ne faut attribuer ces effets singuliers qu'à des causes purement physiques; ce sont des exhalaisons qui sortent de terre et s'enflamment. Il est des pays où

l'on voit très-souvent de ces espèces
de prodiges. Dans la Libie , par
exemple, où l'air est ordinairement
fort tranquille , il s'y forme, par les
exhalaisons, des nuages qui, n'étant
point dissipés par les vents, s'épais-
sissent et prennent diverses figures:
si l'on fuit , ou si l'on donne quelque mouvement à l'air , ou s'il se
trouve une rivière ou un ruisseau
dans ce canton , ces exhalaisons
épaissies suivent le cours de l'eau ou
le mouvement de ceux qui fuient;
si elles les atteignent, elles les en-
veloppent et les glacent de frayeur.
Les habitans de ces pays ne s'en
mettent point fort en peine ; mais
on conçoit que les étrangers, qui
ignorent les causes qui produisent
ces nuages, peuvent en être effrayés

et les prendre pour des spectres.

M. LE CURÉ. Nous voyons quelquefois dans nos campagnes, et surtout dans les temps de chaleur et d'orage, de petites flammes qui vont et qui viennent au gré de l'air, et qu'on nomme *feux follets*. Les gens peu instruits sont persuadés que ce sont des esprits espiègles ou malicieux : c'est tout simplement de l'air inflammable qui s'est dégagé de la terre, et particulièrement des terrains marécageux.

CÉCILE. Je vois aussi quelquefois des étoiles se détacher du ciel, et tomber sur la terre comme une fusée.

M. DE FORBIN. Ce ne sont pas des étoiles ; mais de simples exhalaisons sulfureuses qui s'enflamment, filent et meurent dans l'air. Quand cela tombe jusqu'à terre, on ne trouve qu'une matière blanche et visqueuse, qui est le résidu de ce qui a brûlé dans les airs. Sur les mers, on voit, dans les temps orageux, de petites flammes qui s'attachent aux pavillons, aux cordages et aux mâts des vaisseaux, et qu'on appelle *feux Saint-Elme ;* elles sont produites par le fluide électrique répandu dans l'air, et qui, étant poussé avec impétuosité et rencontrant des corps isolés, tels que des vaisseaux, se manifeste alors sous la forme de petites flammes, principalement dans les endroits où il y a du fer, que la matière électrique pénètre très-aisément.

J'ai vu sur les mers deux phé-
nomènes qui frappent l'imagination et donnent lieu à des contes
fondés sur les effets surnaturels :
l'un, qu'on appelle *mirage*, est un
effet attribué généralement à la disposition des couches de l'atmos-
phère : les rivages opposés s'em-
blent se rapprocher ; les mâts des
vaisseaux paraissent renversés; on
croit apercevoir dans l'air, pendant les jours très-chauds, des
bois, des châteaux, des troupeaux,
des hommes, etc. L'autre phéno-
mène est d'un aspect non moins
merveilleux; il a de quoi étonner,
et présente un tableau vraiment
magique. Au milieu des ténèbres
de la nuit on se voit entouré d'une
lumière qui se repand sur les eaux,

ou se joue autour du navire. Quelquefois la mer tout entière, aussi loin que l'œil peut l'embrasser, paraît être en feu, et des corps lumineux y nagent sous des formes diverses.

VICTOR. Ah ! mon oncle, que cela doit être beau à voir !

M. DE FORBIN. Des gens simples et pusillanimes sont quelquefois effrayés des effets de cette phosphorescence des eaux. J'en ai vu qui en sont tombés malades de peur. Cependant tout cela s'explique par les principes de la saine physique.

ERNEST. La connaisance des causes physiques n'étant pas à la portée du vulgaire, il s'extasie ou s'effraie facilement. Des curieux regardant avec un flambeau dans un vieux sépulcre qu'on venait d'ouvrir dans l'école de médecine de Pise, les vapeurs grasses, causées par la corruption des cadavres, s'enflammèrent à l'approche du flambeau, au grand étonnement des assistans, qui crièrent *miracle*. La même chose arriva à Rome, en ouvrant le tombeau de Boniface VIII. Quelquefois aussi les vapeurs grasses qu'exhalent les cadavres, soit dans les cimetières, soit sur les champs de bataille, excitées par une forte chaleur, s'enflamment. Il faut attribuer à une cause semblable ce qui arriva dans le siècle dernier à Febourg, secrétaire du roi de Danemarck : cet homme ayant été pendu, il parut, dit-on, pendant la nuit une flamme sur sa tête. Le peuple, qui ne voit que des prodiges dans les choses qui lui paraissent extraordinaires, augura que cet homme était mort innocent des crimes qu'on lui imputait.

ALBERT. Mais j'ai pourtant lu dans plusieurs livres une histoire bien authentique d'un revenant; je veux parler du *grand Veneur* de la forêt de Fontainebleau : c'est un fantôme que l'on dit avoir souvent apparu aux rois lorsqu'ils allaient à la chasse. Il se fit voir, pour la dernière fois, du temps d'Henri IV, dans un moment où le roi revenait de la chasse, très-mécontent de n'avoir rien pris. Ce monarque entendit tout-à-coup un grand bruit de chiens et de chevaux, et des fanfares qui semblaient annoncer une grande chasse plus heureuse que la sienne. Le comte de Soissons, prince du sang, se détacha avec plusieurs personnes pour aller voir ce que c'était; ce seigneur rapporta qu'il avait vu, mais de fort loin, un grand homme noir à la tête d'un nombreux équipage de chasse, et que ce mystérieux personnage criait de temps en temps, *entendez – vous*, où *m'attendez-vous ;* ou bien *amendez-vous*. Le grand Sully y fut, dit-on, lui-même attrapé. Un jour, ayant cru entendre le roi revenir de la chasse, il sortit de son cabinet pour aller lui communiquer une affaire importante; mais Henri IV était à plus de quatre lieues de là. Il se trouva que c'était le *grand Veneur* qui chassait aux environs du château.

M. LE CURÉ. La plupart des historiens qui rapportent ce fait n'en parlent que sur la foi d'autrui; et en hommes superstitieux, ou qui craignent de choquer les opinions du temps, ils racontent simplement ce que le vulgaire en pensait. Sully, l'autorité la plus respectable, en parle aussi dans ses *mémoires*, mais vous remarquerez de quelle manière. « On cherche, dit-il, de
» quelle nature pouvait être ce
» prestige, vu si souvent et par
» tant d'yeux, dans la forêt de
» Fontainebleau : c'était un fan-
» tôme environné d'une meute de

» chiens , dont on entendait les
» cris, et qu'on voyait. de loin ,
» mais qui disparaissait lorsqu'on
» s'en approchait. »

Vous voyez que Sully ne con-
sidérait cela que comme un prestige : si un homme de sa trempe
en eût recherché la nature, je
crois bien qu'elle ne lui eût pas
échappé , malgré la précaution du
grand homme noir de disparaître
sitôt qu'on voulait s'approcher de
lui.

Les historiens, ainsi que les
voyageurs, ont abusé quelquefois
du droit qu'ils se sont acquis de
raconter des choses extraordinaires. Ils ont trouvé de vieilles
traditions établies; le merveilleux
leur en a plu, et, quoique absur-

des, ils n'ont pas dédaigné de les rapporter. Voilà pourquoi vous trouverez parfois dans vos lectures des faits surnaturels qui semblent confirmés, sanctionnés par d'illustres écrivains, mais dont on n'a pas recherché la cause dans l'origine, ou qui ne sont rien moins que véritables.

M. de Forbin se disposait à prendre congé de M. le Curé.— Et le spectre, dirent les enfans, nous ne le verrons donc pas décidément aujourd'hui?—Mes petits amis, répondit M. le Curé, je verrai ce soir si vous avez l'assurance nécessaire. Je peux le faire venir chez vous tout comme ici. Ayez du courage, de la fermeté, et je vous satisferai. Ainsi, à ce soir.

Les enfans, de retour auprès de leur mère, lui racontèrent l'aventure du fossoyeur, et comment M. le Curé avait sauvé du trépas un homme dont l'enterrement avait eu lieu. « A notre retour à Paris, dit madame de Verseuil, je vous mènerai voir une dame de mes amies qui a été également enter-rée. »

Cécile. Ah ! maman, conte-nous cette histoire.

Mad. de Verseuil. Mes en-fans, vous avez à étudier, et à prendre vos leçons d'écriture et de calcul.

Victor. Nous te promettons de bien travailler aussitôt après

Mad. de Verseuil. Je vais donc vous satisfaire. Un marchand

de la rue Saint-Honoré avait promis
sa fille au fils d'un de ses amis,
marchand comme lui dans la même
rue. Cette jeune personne était
très-jolie. Un financier, déjà d'un
grand âge, mais extrêmement riche, se présenta pour l'épouser;
il fit de si grands avantages à toute
la famille, que les parens le préfé-
rèrent au jeune homme à qui elle
avait été promise. Le mariage
s'accomplit : peu de temps après,
la jeune femme étant tombée
malade, fut tenue pour morte,
ensevelie et enterrée. Son amant,
qui n'avait cessé de la regretter,
ayant été pleurer sur sa tombe pendant la nuit, entendit remuer dans
le cercueil ; il se douta que cette
femme était simplement tombée

en léthargie. Ivre de joie, il la
retire aussitôt de la tombe ; et,
grâce à ses soins, elle a le bonheur
de revenir à la vie. Quand elle fut
parfaitement rétablie ils passèrent
en Angleterre, s'y marièrent, et y
vécurent tranquilles pendant dix
années, au bout desquelles ils re-
vinrent à Paris. Le premier mari
ayant reconnu sa femme dans une
promenade, la réclama en justice :
ce fut la matière d'un grand procès.
Le couple heureux se défendait
sur ce que la mort avait rompu les
liens du premier mariage ; mais
prévoyant qu'ils pourraient suc-
comber, ces deux époux se retirè-
rent de nouveau dans une terre
étrangère, où ils demeurèrent jusqu'au décès du financier.

Dans un siècle d'ignorance, si cette femme avait eu l'intention de se dire revenue de l'autre monde, il y aurait eu des sots assez crédules pour le croire, parce qu'ils avaient assisté à son enterrement.

M. DE FORBIN. J'ai vu à Tavistock en Angletèrre, dans l'hospice des pauvres, un homme qui est tombé six fois différentes dans des léthargies qui le mettent dans l'état où se trouve un homme réellement mort ; son corps devient froid comme le marbre et roide comme une statue. Cette maladie s'appelle *catalepsie*.

Gertrude vint en ce moment apporter les livres que Gérard avait été chercher à la ville. M. de Forbin donna ce bouquet à la petite

Cécile, qui, en sœur bien aimable, partagea avec ses frères. En faveur de la fête de sa petite nièce, le bon oncle pria madame de Verseuil d'accorder vacances entières aux trois jeunes gens. Cette faveur ne lui fut pas refusée. Les enfans embrassèrent leur oncle et leur mère, et passèrent le reste de la journée à visiter les livres nouveaux dont on leur avait fait présent.

~~~~~~

TROISIÈME PARTIE.

Le soir, M. le Curé vint comme il l'avait promis, accompagné de son neveu. Eh bien, mes amis, dit-il aux enfans, êtes-vous assez raisonnables pour n'avoir plus de vaines frayeurs?

Cécile. Pour moi, je n'aurai plus peur maintenant; car les livres que mon oncle a eu la bonté de me donner ont aussi concouru à me rassurer parfaitement. Voici ce que j'y lis : « Vous trouverez mille gens dans le monde, mes enfans, qui vous diront que l'on a vu des
~~~~~~

spectres, des revenans, des fantômes, des morts qui marchaient
dans les ténèbres de la nuit. Mépri-
sez ces récits absurdes ; les personnes qui les font sont ordinairement
ignorantes, crédules, et n'ont que
peu de raison ; elles adoptent avi-
dement les contes qu'elles entendent, et s'empressent de les répéter
pour inspirer aux autres leurs sottes
frayeurs, et faire croire ce qu'elles
croient elles-mêmes. Vous trouverez, ce qui est bien plus fort,
des gens qui vous rapporteront des
faits incroyables, non pas sur la
foi d'autrui, mais bien pour les
avoir vus de leurs propres yeux ;
ces gens seront quelquefois recon-
nus pour des personnes d'honneur

10

et incapables d'en imposer. Faudra-t-il donc les croire alors ? non, mes amis : ces personnes, sans doute, ne veulent point vous tromper ; elles croient fermement avoir été témoins de choses extraordinaires, mais les apparences, leur crédulité et leurs craintes les ont elles-mêmes trompées ; si elles eussent examiné avec soin aux lumières de la raison, et surtout avec courage, ce qui leur paraissait surnaturel, elles auraient reconnu l'illusion, et auraient été convaincues que Dieu ne permet point ainsi que rien sorte des voies ordinaires de la nature. Je vais vous raconter à ce sujet deux aventures assez singulières, et qui vous apprendront

comment on doit agir dans une circonstance semblable. »

« Le cardinal de Retz rapporte
dans ses *Mémoires*, qu'ayant passé
la soirée dans la maison de l'arche-
vêque de Paris, son oncle, à Saint-
Cloud, avec madame et mademoi-
selle de Vendôme, madame de
Choisy, le vicomte de Turenne,
l'évêque de Lisieux, et messieurs
de Brion et Voiture, on s'amusa
tant, que la compagnie ne put s'en
retourner que très-tard à Paris. La
petite pointe du jour (on était au
milieu de l'été) commençait à paraître : quand on fut au bas de la
descente des *Bons-Hommes*, jus-
tement au pied, le carrosse arrêta
tout court. Le cocher, à qui on en

demanda la raison, répondit d'une voix tremblante : Voulez-vous que je passe par-dessus tous les diables qui sont là devant moi ? Cinq ou six laquais qui étaient derrière n'osaient ouvrir la bouche. Turenne, au-dessus de la crainte, se jeta en bas du carrosse, tira son épée, le cardinal s'étant saisi d'une autre, courut aussitôt le rejoindre. Allons voir ces gens-là, dit Turenne, je crois que ce pourrait bien être des diables. Le reste de la compagnie demeura transi de frayeur dans le carrosse.

» Comme nous avions déjà fait cinq ou six pas du côté de la *Savonnerie*, continue le cardinal dans ses *Mémoires*, j'entrevis une longue procession de fantômes noirs qui me donna plus d'émotion qu'elle n'en avait donné à M. de Turenne; mais par la réflexion que je fis, que j'avais long-temps cherché des es--prits, et qu'apparemment j'en trouverais en ce lieu, je m'avançai rapidement vers la procession. Les gens du carrosse, qui croyaient que nous étions aux mains avec tous les diables, firent un grand cri ; et ce ne furent pourtant pas eux qui eurent le plus de peur. Les pauvres Augustins réformés et déchaussés, que l'on appelle capucins noirs, qui étaient nos diables d'imagina-tion, voyant venir à eux deux hommes qui avaient l'épée à la main , eurent une belle frayeur, et l'un d'eux se détachant de la troupe, nous cria : Messieurs, nous sommes de pauvres religieux qui ne faisons de mal à personne, et qui venons nous rafraîchir dans la rivière, pour notre santé. Nous retournâmes au carrosse, M. de Turenne et moi, avec des éclats de rire que l'on peut s'imaginer. Il me jura le lendemain que la première apparition de ces fantômes imaginaires lui avait donné de la joie, quoiqu'il eût toujours cru auparavant qu'il aurait peur, s'il voyait jamais quelque chose d'extraordinaire; et je lui avouai que la première vue m'avait ému; quoique j'eusse toute ma vie souhaité de voir des esprits. »

» Une autre fois Turenne, voya-
geant dans une province méridio-
nale de la France, entendit parler
d'un château inhabité où il revenait, disait-on, des esprits. Curieux
d'éclaircir cette histoire, il alla
coucher dans ce lieu. Sur le minuit
un spectre chargé de chaînes se
présenta et fit signe à Turenne de
le suivre. Arrivé dans une des salles
basses du château, aussitôt une
trappe s'ouvrit sous leurs pieds, et
Turenne se trouva dans un souterrain, au milieu d'une bande d'hommes dont il reconnut bientôt que
la profession était de faire de la
fausse monnaie. Le fantôme se dé-
pouilla de son appareil lugubre, et
prit place parmi ses compagnons.

Le chef de la troupe s'adressant à Turenne, lui dit : Homme téméraire, quel dessein t'a conduit dans ces lieux ? Si ta raison t'empêchait de croire que ceux qui l'habitent fussent des êtres surnaturels, ne devais-tu pas juger du moins qu'ils avaient un intérêt puissant à n'être point connus ? En découvrant qui nous sommes, tu t'es perdu sans ressources ; et ton entrée dans ce souterrain est ton arrêt de mort. — La mort ne m'effraie point, répliqua Turenne ; apprenez à qui vous avez à faire; mais songez qu'en attentant à mes jours, vous vous perdez aussi vous-mêmes : si je ne reparais pas on viendra à ma recherche, et vous savez quel sort la

justice vous réserve.... — Puisque
tu es Turenne, reprit le chef de la
bande, nous savons que nous avons
affaire à un homme d'honneur, et
nous allons te le prouver en nous
confiant à ta discrétion. Donne-
nous ta parole de ne point parler
de nous avant six mois, et nous
te laissons la vie sauve. — Je vous
le promets. — Turenne songera,
ajouta le chef de la bande, que s'il
trahit sa parole, en quelque lieu
qu'il soit, et telle précaution qu'il
prenne, sa mort ne tardera pas à
venger la nôtre.

» Après cela, Turenne sortit
librement du château, et alla rejoindre ses gens, à qui il dit qu'il
avait vu des choses effrayantes dans

ce château, et qu'on ne pouvait y entrer sans risquer de perdre la vie ; ce en quoi il ne mentait point.

» Environ un an après cette aventure, Turenne donnait chez lui un grand repas, lorsqu'on vint lui remettre une lettre qu'un étranger à cheval venait d'apporter. Cette lettre était ainsi conçue : *Les esprits et les fantômes du château de..... ont l'honneur de faire savoir à M. de Turenne qu'ils sont redevenus paisibles habitans de la terre. Ils le prient de vouloir bien accepter la riche monture qu'ils lui envoient, comme une preuve de leur gratitude pour le secret qu'il leur a gardé.*

» Effectivement le messager avait attaché dans la cour un cheval superbement harnaché, et avait disparu. Turenne, qui avait pour ainsi dire oublié cette aventure, la raconta à ses convives (*). »
(*Extrait des* Délassemens de l'enfance.)

Albert. Il ne fallait rien moins que la fermeté de Turenne pour n'être point effrayé au milieu de ces faux-monnoyeurs. Je remarque que les prétendus revenans n'ont jamais fait de mal à personne ;

____

(*) Il n'est pas sûr que cette seconde aventure, que l'on attribue à Turenne, lui soit arrivée ; mais la leçon qui en résulte n'en est pas moins utile : c'est la raison qui m'engage à faire ce récit.

mais ici Turenne courait risque de la vie.

M. DE VERSEUIL. Je connais le propriétaire du domaine d'Ardi-viliers, aux environs de Breteuil en Picardie ; il me racontait une aventure de ce genre arrivée chez lui : il y revenait un esprit, et ce maître lutin y faisait un bruit si effroyable, que personne n'osait y demeurer que le fermier, avec qui cet esprit était apprivoisé. Si quelque malheureux passant y cou-chait une nuit, il était étrillé d'im-portance. Cela faisait grand tort au propriétaire, qui était contraint de laisser sa terre à très-vil prix : mais enfin il résolut de faire cesser la lutinerie, persuadé qu'il y avait de l'artifice dans tout cela. Il va coucher dans son château, et pose sur sa table deux pistolets chargés, bien décidé de s'en servir à la première apparition.

Les esprits qui savent tout, surent apparemment ces préparatifs; pas un d'eux ne parut. Mais au milieu de la nuit, on entendit un grand bruit de chaînes dans l'appartement au-dessus. La femme et les enfans du fermier vinrent se jeter aux genoux de leur seigneur, pour l'empêcher de monter dans cette chambre; mais, sans les écouter, il s'en alla droit à l'appartement où se faisait le bruit, tenant un pistolet d'une main et un flambeau de l'autre.

Il ne voit d'abord qu'une épaisse fumée que quelques flammes redoublaient en s'élévant par intervalles ; bientôt il entrevit confusément l'esprit au milieu : c'est un grand corps vêtu de noir ; il a des cornes et une longue queue ; enfin c'est un objet fait pour donner de l'épouvante. Le gentilhomme ne s'intimide pas cependant, il ajuste l'homme noir, et lui tire un coup de pistolet ; mais il est tout étonné qu'au lieu de tomber, ce fontôme se met à faire des gambades devant lui.

VICTOR. Voilà du merveilleux que je ne comprends pas ; car si ce n'est pas un spectre, comment résiste-t-il aux coups de pistolet ?

Cela dut intimider le gentilhomme?

M. DE VERSEUIL. Il ne savait trop que penser ; il se rassura toutefois, persuadé que ce ne pouvait être un esprit. Il chercha à le saisir ; mais le spectre n'était point d'avis de se laisser approcher. Etant pressé de trop près, il sort de la chambre et descend par un petit escalier ; le gentilhomme descend après lui et ne le perd point de vue, traverse cour, jardin, et fait autant de tours qu'en fait le spectre ; enfin ce fantôme étant parvenu dans une grange, disparut aux yeux du gentilhomme. Celui-ci, sans se rebuter, appela du monde, et, visitant l'endroit où le spectre s'était évanoui, il découvrit que c'était une trappe qui se fermait de l'autre côté; on l'enfonça, et l'on trouva dans un petit caveau l'homme noir et de bons matelas qui le recevaient mollement quand il s'y jetait. Le gentilhomme fit sortir cet esprit, qui n'était autre que son fermier.

ALBERT. Mais qu'est-ce qui le rendait à l'épreuve du pistolet?

M. DE VERSEUIL. C'était une peau de buffle ajustée à son corps. Ce fourbe avoua toutes ses souplesses, et son maître exigea les arrérages de toutes les années sur le pied de ce que la terre était affermée avant les apparitions.

M. LE CURÉ. Vous avez entendu parler d'un voleur qui a fait

beaucoup de bruit, du fameux Mandrin? Je vais vous raconter un de ses tours. Il convoitait un château situé sur une montagne d'ou l'on découvrait la campagne des environs. On vint lui dire que le propriétaire venait de mourir. —Voulez-vous en faire l'acquisition sans coup férir, dit Roquairol, l'homme le plus déterminé de sa troupe? il est à nous si vous me secondez; je ne vous demande pas quinze jours.—Mandrin, qui connaissait la capacité de cet homme, lui donna carte blanche. Roquairol connaissait tous les préjugés du peuple, et sa frayeur pour les morts; il résolut d'en tirer avantage.—La circonstance est favorable, dit-il à

11*

son maître ; le défunt doit avoir
quelques petites restitutions à faire,
c'était un procureur.—Le soir, il
entra avec quatre hommes qu'il
distribua en différens postes. La
veuve était seule dans une chambre,
et ses domestiques dans la cuisine.
Roquairol fut droit à la chambre
du procureur; il commença par
agiter fortement les rideaux, et
renverser des tables et des chaises.
La veuve courut vite auprès de ses
domestiques. Le revenant se plai-
gnait comme un homme qui brûle.
On croyait n'avoir à craindre que
d'un côté, lorsqu'il s'éleva un grand
bruit dans les quatre coins du château; on entendait des voix terribles
qui se disputaient l'âme du pro-

cureur, et on ne voyait que feu et flammes par le moyen des pistolets et des pétards. Roquairol avait jeté un drap sur sa tête, avec des flammes peintes en rouge ; il parut en cet équipage et enchaîné au milieu de ses gens habillés en satyres ; il répétait : *Je brûle, je brûle! bien mal acquis, malheur à ceux qui l'habitent, ils brûleront avec moi.* Il entra dans la cuisine, où quelques femmes s'évanouirent, parcourut les appartemens et disparut.

On ne douta plus, dès-lors, que le pauvre procureur ne fût au pouvoir des démons. On l'avait vu, on l'avait entendu ; le bruit en courut dans tout le pays.

Le lendemain la même apparition eut lieu ; cette fois il y avait quatorze démons. La veuve s'empressa de quitter ce séjour. Des clercs de procureurs ne voulant pas croire ce qu'on rapportait, s'y rendirent un soir pour y passer la nuit; mais Roquairol, qui en fut prévenu, s'y trouva à la tête de vingt-huit bandits déguisés en démons, en singes, en ours, et armés de crocs et de fourches ; Mandrin lui-même descendit par la cheminée de la chambre où tout le monde était rassemblé, et il parut affublé d'une peau de taureau avec des cornes effroyables. A cette vue, les clercs de procureur prirent la fuite: Mandrin demeura maître du champ de

bataille. Comme quelque curieux
pouvait être tenté de venir visiter
ces lieux, il plaça à l'entrée un
homme vêtu d'une peau d'ours,
qui se jetait sur ceux qui voulaient
avancer. De temps en temps, pour
nourrir l'erreur du public, on faisait grand bruit dans la maison, et
il passa pour certain qu'il y revenait des esprits. C'est ainsi que la
crédulité du peuple fait la hardiesse
des fourbes.

CÉCILE. Est – ce que Mandrin
resta possesseur de ce château ?

M. DE FORBIN. Cela aurait bien
pu arriver, s'il n'avait pas eu affaire
à la justice. Mais la police connut
bientôt sa retraite. La maréchaus-
sée, qui ne craint point les reve-

nans., s'empara de tous les esprits qui ne furent pas assez lestes pour prendre la fuite, et le gibet devint leur partage.

Victor. Dans le livre dont ma sœur m'a fait présent, je trouve ce trait curieux qu'un écolier raconte à ses camarades : « J'étais, dit–il, dans la maison de campagne de mon père, à Bondi, lorsque la grande armée, venant du nord, traversa la France pour se rendre en Espagne. On nous envoya un officier à loger pendant environ quinze jours..... »

En ce moment on sonna à la grille du château, et Gérard intro-duisit un officier qui se présentait avec un billet de logement. Soyez

le bienvenu, lui dit M. de Verseuil; votre arrivée a cela de singulier, que ces enfans nous lisaient
à l'instant même une histoire où il
est question de loger un officier.
—Je vous prie en grâce de continuer cette lecture, dit le militaire; je serai charmé de l'entendre.
— Volontiers, pourvu que vous
veuilliez bien dire si vous n'auriez
pas besoin de quelque chose en at-
tendant le souper?—Mille remer-
cîmens; je n'ai besoin de rien.
Alors Victor reprit sa lecture :

« Cet officier avait un frère dont
il attendait impatiemment des nouvelles, parce que les dernières
lettres qu'il en avait reçues lui
apprenaient qu'il était malade. La

veille de son départ, il entra dans la salle où nous étions rassemblés pour le déjeuner; il avait l'air triste, abattu.

» Hier soir, nous dit-il, avant de m'endormir, je songeais à mon frère, quand tout à coup j'entends heurter avec force à ma porte; elle s'ouvre, on entre dans ma chambre, on la parcourt avec vitesse; deux chaises et une table de nuit sont renversées. Je demande qui est là? on ne me répond point; mais on s'élance avec rapidité près de mon lit, et j'aperçois, à la faveur d'un faible rayon de lune, une espèce de fantôme blanc qui agite fortement mes rideaux. Je me jette en bas du lit pour le saisir; et afin qu'il

ne m'échappe point, je commence
par fermer la porte ; mais lorsque
je reviens à lui, et que je me crois
certain de découvrir ce qu'il est, je
le vois s'élancer à la fenêtre, il brise
les vitres, et disparaît à mes yeux.
Étonné de l'aventure, je me pro-
cure de la lumière. Une lettre à
mon adresse se trouve à mes pieds ;
je l'ouvre : qu'on juge de ma situation, *ton frère est mort !* voilà les
premiers mots qui s'offrent à ma
vue. Mes mains laissent tomber
mon flambeau ; ma lumière s'é-
teint, et je reste anéanti de surprise et de douleur. »

L'Officier. Permettez que je
vous exprime mon étonnement !
Ceci est ma propre histoire ! Dans

la circonstance que l'on décrit,
vous pouvez vous imaginer toutes
les idées qui durent me passer par
la tête. Comment croire en effet
qu'un événement qui paraît aussi
extraordinaire, soit amené par les
causes les pius simples? Il n'y avait
cependant là rien de surnaturel :
la suite de cette histoire l'explique
sans doute ?

VICTOR. Oui ; voici ce que dit
celui qui la raconte. « Une espiè-
glerie que j'avais faite à notre chat
était la cause de tout ceci. Avant
de m'aller coucher, je lui avais
attaché au cou le tablier blanc de
notre bonne. L'animal s'était sauvé
dans cet équipage, et il était venu
se jeter dans la porte de l'officier,

qui, étant mal fermée, s'était ouverte aussitôt. En courant dans la chambre, il avait renversé les meubles, et avait fait tomber de la poche du tablier la lettre que ma bonne était chargée de remettre. En s'élançant ensuite à la croisée, il avait brisé un carreau, et s'était sauvé ; le matin ma bonne le trouva dans la cour encore affublé du tablier qu'il n'avait pu parvenir à détacher. »

L'Officier. C'est cela précisément ; l'historien est fidèle.

Victor. « D'après cet événement, continue toujours l'écolier, je n'ai jamais eu peur, parce que je me suis fait une loi et une habitude, lorsque je crois voir ou entendre quelque chose d'extraor-

dinaire, d'examiner si ce n'est point
simplement un effet de l'imagination : si j'en reconnais la réalité,
j'ai soin d'en rechercher toutes les
causes, afin de pouvoir les approfondir et les apprécier ensuite.
Quand on s'est procuré une fois de
cette manière l'explication d'une
aventure qui paraissait d'abord
terrible et surnaturelle, il n'en
coûte plus ensuite pour faire les
mêmes recherches dans toutes les
autres circonstances qui peuvent
se présenter. »

M. DE VERSEUIL. Voilà un enfant
qui pense judicieusement.

ALBERT. Eh bien, nous aurons
soin de faire notre profit de sa pru-
dente et sage méthode.

L'OFFICIER. Il est arrivé une

aventure bien singulière à un soldat
de ma compagnie, qui joua lui-
même le rôle de revenant. En passant à Orléans, deux soldats sont
envoyés avec un billet de logement
chez un fermier des environs ,
dont la mère venait de mourir la
nuit précédente dans la maison.
Le soir, il y avait assemblée de
famille , et par conséquent grand
souper. Les deux soldats sont in-
vités au repas ; mais l'un d'eux,
étant retourné à la ville, prit avec
d'autres camarades un à-compte
tel qu'à son retour il n'eut plus
besoin d'autre chose que de son
lit. Il se couche. L'autre militaire
se rend au souper ; il tâche d'é-
gayer les convives ; le vin est le

seul remède qu'il connaît contre
le chagrin; il les engage donc à
boire, et, pour prêcher d'exemple,
il se ménage si peu les rasades,
que bientôt il y voit trouble. En
homme prudent, il songe à faire
halte, et sans rien dire à personne,
il bat en retraite, c'est-à-dire qu'il
va rejoindre son camarade. N'étant
pas très-ferme sur ses jambes, il
trébuche dans l'escalier, sa chan-
delle s'éteint; mais il n'en continue pas moins son chemin. La clef
était à la porte de sa chambre, il
entre, cherche son lit à tâtons, et
se couche en poussant du côté de
la ruelle son camarade qui ne lui
laissait que peu de place. Déjà il
s'abandonnait aux douceurs du

repos, lorsqu'il entend ouvrir sa porte : c'était un petit cousin et une petite cousine que notre militaire avait remarqués pendant le souper, par l'amitié qu'ils paraissaient avoir l'un pour l'autre. Ils entrent tous deux dans la chambre sans parler, prennent chacun une chaise, s'asseyent devant la che--minée, et y placent un fagot qu'ils allument. A la vue de tout ceci, le soldat ouvre de grands yeux, mais ne dit mot. Nos jeunes gens s'approchent l'un de l'autre, et la conversation s'engage.—Eh bien ! cousine, il paraît donc décidé que nos parens ne veulent pas nous unir?—Hélas ! cousin, il n'est que trop vrai ; je sais même qu'ils

forment d'autres projets. — Ah!
ma chère cousine, si notre grand'-
mère eût vécu encore quelque
temps, elle nous avait promis de
décider nos parens à conclure notre
mariage. — Oui, sa mort est un
grand malheur pour nous. Mais
peut-être que du séjour qu'elle ha-
bite, elle s'intéressera encore à ses
petits enfans. Il faut la prier d'in-
tercéder pour nous auprès de Dieu.
Ils s'approchent du lit. — O ma
mère ! dit la petite cousine avec
ferveur, nous implorons votre secours. De ce lit de mort, daignez
entendre.... — De ce lit de mort !
s'écria le soldat en se levant d'auprès de son froid compagnon !....
car il s'était trompé de chambre,

et il était venu se placer auprès de
la défunte.....

Persuadés que c'est la grand'-
mère qui vient de parler, nos jeunes gens se sauvent à toutes jambes, et tombent dans l'escalier en
criant miséricorde. Les parens, qui
étaient encore à table, accourent
avec de la lumière : la cousine
raconte comment, allant avec son
cousin pour dire des prières auprès
de la grand'maman, ils l'ont vue
se lever de son lit, et qu'elle leur
a parlé d'une voix formidable. Le
soldat, mettant la circonstance à
profit, paraît tout à coup sur le
haut de l'escalier enveloppé d'un
drap : « Faites la volonté de Dieu,
dit-il, d'un ton de voix qu'il a soin

de déguiser; unissez promptement ces deux enfans, ou je viendrai vous tourmenter jusqu'à ce que cela se soit exécuté. »

Les père et mère promettent aussitôt d'obéir à cet ordre suprême : le mariage est fixé à huit jours ; et le militaire, après avoir ainsi fait le bonheur des jeunes gens, n'eut que le regret de ne pouvoir être de la noce.

CÉCILE. Voilà toute la famille qui demeure persuadée que la grand'mère est revenue.

M. DE FORBIN. Il y a des histoires de prétendus revenans dont les causes naturelles sont vraiment singulières et comiques.

Le comte de Vordac, arrivant à

Plaisance en Italie, alla loger dans une hôtellerie, dont l'hôte avait perdu sa mère depuis quelques jours. Le maître du logis ayant envoyé un de ses domestiques pour chercher du linge dans la chambre où elle était morte, ce domestique revint hors d'haleine, et criant qu'il avait vu sa maitresse, qu'elle était revenue se coucher dans son lit. Un autre valet faisant l'intrépide, y alla et revint de même, disant qu'assurément elle était couchée dans son lit. Le maître du logis monta pour s'en assurer; un moment après il descendit précipitamment, et cria en italien aux personnes qui étaient à table : Oui, messieurs, j'ai vu ma pauvre mère, mais je n'ai pas eu le courage de lui parler ; je vous en conjure, allez-y, et soyez témoins de ce que je dis.

Vordac, voyant que personne ne se remuait, prit un flambeau, et adressant la parole à un dominicain qui était de la compagnie, lui dit : Allons, mon père, allons-y ensemble. — Je le veux bien, répondit-il, pourvu que vous passiez le premier. Ils montèrent, ayant chacun un flambeau à la main. Les autres étrangers, et le maître de la maison à la tête de ses valets, suivirent. Étant entré dans la chambre et ayant tiré les rideaux du lit, Vordac aperçut la figure d'une vieille femme, noire, ridée, assez bien coiffée, qui regardait d'un œil fort assuré, et faisait des grimaces ridicules, comme pour se moquer d'eux, et pour les effrayer. On dit au maître de la maison d'approcher pour voir si c'était sa mère : Ah oui, c'est elle, répondit-il ; ah, ma pauvre mère ! Les valets crièrent de même que c'était leur maîtresse.

Vordac dit alors au dominicain de parler, puisqu'il était prêtre, et d'interroger la morte. Il lui demanda : Qui êtes-vous ? que voulez-vous ? et en même temps il lui jeta de l'eau bénite ; mais comme il avait la main tremblante de frayeur, il en répandit plus qu'il n'en fallait. Alors le revenant, sortant du lit, se jeta sur le dominicain, qui commença à fuir et à crier de toutes ses forces, de même que tous les autres.

Vordac, qui était resté le dernier, vit distinctement que c'était un singe. Cet animal ayant souvent regardé sa maîtresse se coiffer, et ayant ce jour-là trouvé son bonnet et d'autres hardes, il s'était affublé à sa manière, et ensuite s'était couché dans le lit où elle était morte.

Mad. DE VERSEUIL. Vous voyez, mes enfans, qu'il ne tient souvent à rien qu'un fait simplement bizarre ne passe pour une apparition bien authentique. Si ce singe, après avoir été vu par tant de personnes,

se fût décoiffé et déshabillé pendant que M. de Vordac montait
dans cette chambre, tous ceux qui
l'avaient vu auraient soutenu que
la maîtresse de l'hôtellerie était
revenue.

ERNEST. J'ai entendu parler
d'une aventure qui n'est peut-être
qu'un conte fait à plaisir; la voici :
Un jeune officier, venu à Paris dans
le temps du carnaval, fit la partie
d'aller au bal, et se déguisa en
diable. Il s'en revint chez lui un peu
avant le jour, et frappa à coups
redoublés à sa porte, parce qu'il
faisait grand froid. Une servante de
son auberge vint enfin lui ouvrir à
moitié endormie ; mais dès qu'elle
l'aperçut, elle referma au plus

vite la porte , et s'enfuit épou-
vantée.

L'officier, las de frapper inuti-
lement, et mourant de froid, prit
le parti de chercher gîte ailleurs.
En marchant le long de la rue, il
entrevit de la lumière dans une
maison, et pour comble de bonheur la porte n'était pas tout-à-fait
fermée. C'est peut-être une auberge, dit-il en lui même, entrons.
Mais que voit-il ! un cercueil avec
des cierges autour, et un prêtre qui
s'était endormi en lisant auprès
d'un fort bon brasier. Sans faire
aucun bruit, il s'approche du feu,
et s'assoupit tranquillement sur
une chaise.

Quelque temps après , le prêtre

s'éveilla ; et apercevant à côté de lui une figure aussi horrible, il se mit à jeter des cris affreux. Le militaire, réveillé en sursaut, prit aussitôt la fuite. Comme il faisait jour, il alla chez le loueur de costumes changer d'habit, et retourna ensuite à son auberge. En entrant, on lui apprit deux nouvelles qui circulaient déjà dans tout le quartier ; l'une, que la servante du logis était malade, parce qu'elle avait reçu dans la nuit une visite du diable ; et l'autre, qu'un démon était aussi venu dans une maison plus loin pour enlever un mort : ce dernier bruit parut d'autant mieux fondé à certaines personnes, que le défunt avait été procureur.

13*

Mad. DE VERSEUIL. Sans doute, cette histoire n'est qu'une plaisanterie ; mais M. l'abbé Lenglet-Dufresnoy rapporte qu'un homme distingué par sa naissance et par ses richesses, étant mort dans une ville d'Espagne, son corps fut transporté dans l'église d'un monastère, pour y être inhumé avec les cérémonies ordinaires. Il y avait alors dans la même ville une femme qui avait perdu l'esprit ; se trouvant le soir près de l'église de ce monastère, elle y entra et se cacha de manière qu'on ferma toutes les portes sans l'apercevoir. La nuit elle alla se placer dessous le cercueil, sur l'estrade recouverte d'un tapis, et s'y endormit jusqu'au moment

où les moines se rendirent au chœur
pour chanter matines. Cette folle
étant éveillée, se mit à chanter
aussi et à frapper sur l'estrade.
Vous jugez de la peur qu'elle fit
aux moines ! Ils se sauvèrent sans
achever l'office.

Ce ne fut pas sans trembler que
le sacristain alla le matin ouvrir les
portes de l'église. Quelques personnes entrèrent et sortirent ; et la
folle, qui s'était retirée dans un coin,
sortit comme les autres sans rien
dire. Les moines rassurés par la
clarté du jour et par les personnes
qui se trouvaient dans leur église,
furent visiter le cercueil, où ils
n'aperçurent rien de dérangé. On
ne put s'empêcher de croire dans

la ville que l'âme du mort était revenue dans cette église, puisque
toute la communauté l'affirmait.

Mais au bout de deux mois, le
mystère de cette apparition fut
découvert par la folle elle-même.
Elle vit passer dans une place quel-
ques-uns de ces religieux, alors elle
se mit à crier : moines, moines,
ne vous ai-je pas fait une belle
peur? Les religieux s'approchèrent
pour savoir ce qu'elle voulait dire ;
elle leur avoua que c'était elle qui,
s'étant placée dessous le cercueil,
les avait si fort alarmés pendant les
matines.

Sans cette découverte, toute la
communauté aurait était persuadée
qu'elle avait entendu un revenant,

et aurait continué d'être cruc sur son témoignage. Toutes les aventures de ce genre ont leur source dans quelques surprises, et ne sont considérées comme des effets surnaturels, que parce qu'on en ignore l'intrigue ou le dénouement.

M. DE FORBIN. Je vais vous raconter une aventure du maréchal de Saxe , qui vous convaincra encore de la nécessité de remonter à l'origine de ces histoires merveilleuses , pour les faire rentrer dans l'ordre naurel.

Un jour que ce grand capitaine passait dans un village , il entendit parler d'une auberge où il y avait , disait-on , des revenans qui étouffaient tous ceux qui avaient l'audace d'y coucher. Comme cela n'était pas capable de l'effrayer, il se rendit à cette auberge, et voulut coucher dans la chambre même où s'étaient passés plusieurs événemens tragiques. Muni de bons pistolets, et accompagné de son domestique, il ordonna à celui-ci de veiller autant qu'il le pourrait, devant lui céder ensuite son lit, et faire sentinelle à sa place. A une heure du matin rien n'avait encore paru. Le domestique qui sentait ses yeux s'appesantir, va éveiller son maître qui ne répond point. Il le croit assoupi, et le secoue sans qu'il s'éveille. Effrayé, il prend sa lumière, lève les draps, et voit le maréchal baigné dans son sang : une araignée monstrueuse, ou

plutôt une espèce de tarentule, ap-
pliquée sur le sein gauche, suçait
le sang du dormeur, qui, d'un pro-
fond assoupissement , serait passé
à la mort. Le domestique court
prendre des pincettes, saisit l'a-
raignée et la jette au feu. Ce ne fut
qu'après quelque temps et des soins
que le maréchal reprit ses sens. On
connut alors l'espèce de vampire
ou revenant qui étouffait les voyageurs.

M. DE VERSEUIL. Il arriva à un
aide – de – camp du maréchal de
Luxembourg une aventure à peu
près semblable. Etant allé coucher
dans une auberge, où le diable
étranglait tous ceux qui osaient y
loger, il y fut attaqué, la nuit, par

une bête furieuse, qu'il tua à coups de sabre, après une heure de combat. C'était un énorme chat sauvage, qui descendait par la cheminée, et qui avait déjà étranglé plusieurs personnes.

M. DE FORBIN. Il se trouve quelquefois des scélérats audacieux qui, se jouant de la crédulité de leurs contemporains, imaginent des choses surnaturelles, pour couvrir leurs crimes. En voici un exemple.

Dans les temps d'ignorance, où les tribunaux condamnaient les sorciers à être brûlés, un fermier de Southams, dans le comté de Warwick, en Angleterre, fut assassiné en revenant chez lui. Le lendemain, un voisin vint trouver la

femme de ce fermier, et lui demanda si son mari était rentré.
Elle répondit que non, et qu'elle
en était dans une grande inquiétude. Vos inquiétudes, réplique
cet homme, ne peuvent égaler les
miennes ; car, comme j'étais couché cette nuit, sans être encore
endormi, votre mari m'est apparu,
couvert de blessures, m'a dit qu'il
avait été assassiné par John Dick,
et que son cadavre avait été jeté
dans une marnière.

La fermière alarmée fit faire
des recherches ; on découvrit la
marnière, et on y trouva le corps
blessé aux endroits que cet homme
avait désignés. Celui que le revenant avait accusé, fut saisi et mis en-

tre les mains des juges, comme vio-
lemment soupçonné de meurtre.
Son procès fut instruit à Warwick,
et les jurés allaient le condamner,
aussi témérairement que l'ignorant
juge de paix qui l'avait arrêté,
quand lord Raymond suspendit
l'arrêt, et dit aux jurés : « Je crois,
messieurs , que vous donnez plus
de poids au témoignage d'un revenant qu'il n'en mérite; quelque cas qu'on fasse de ces sortes
d'histoires, nous n'avons aucun
droit de suivre nos inclinations par-
ticulières sur ce point. Nous for-
mons un tribunal de justice, et nous
devons nous régler sur la loi; or, je
ne connais aucune loi existante qui
admette le témoignage d'un re-

venant ; et, quand il y en aurait
une, le revenant ne paraît point
pour faire sa déposition. Huissier ,
ajouta le juge, appelez le revenant! » Ce que l'huissier fit par trois
fois, sans que le revenant parût.
« Messieurs, reprit lord Raymond,
l'accusé qui est à la barre est,
suivant le témoignage de gens irré-
prochables, d'une réputation sans
tache ; et il n'a point paru, dans
le cours des informations , qu'il
y ait eu aucune espèce de que-
relle entre lui et le mort. Je le crois
absolument innocent ; et, comme il
n'y a aucune preuve contre lui ,
ni directe, ni indirecte, il doit
être renvoyé. Mais , par plusieurs
circonstances qui m'ont frappé

dans le procès, je soupçonne fortement la personne qui a vu le
revenant, d'être le meurtrier; et,
dans ce cas, il n'est pas difficile de
concevoir qu'il ait pu désigner la
place des blessures, la marnière et
le reste, sans aucun secours surnaturel. En conséquence de ces
soupçons, je me crois en droit de
le faire arrêter, jusqu'à ce qu'on
fasse de plus amples informations.»
Cet homme fut effectivement arrêté. On fit des perquisitions dans
sa maison, on trouva les preuves
de son crime, qu'il avoua lui-
même à la fin, et il fut exécuté
aux assises suivantes.

Vous voyez, mes amis, que si,
parmi les juges, il ne se fût pas

trouvé un homme raisonnable, un second crime eût été commis pour venger le premier : tant l'ignorance et la crédulité sont dangereuses.

Cécile. Oh ! maman, nous voilà maintenant bien persuadés qu'il n'y a point de revenans, et que tous les fantômes possibles n'existent que dans l'imagination effrayée qui les produit.

Albert. Je suis bien décidé, si je vois ou entends quelque chose d'extraordinaire, d'examiner soigneusement ce que cela peut être.

Victor. Et moi, je promets de ne pas me laisser davantage maîtriser par la peur.

M. de Verseuil. Bien, mes enfans, embrassez-moi, et songez toujours à ce que vous me promettez en ce moment.

M. LE CURÉ. Puisque cela est ainsi, je puis donc faire paraître mon spectre.

LES ENFANS. Ah! M. le Curé, nous vous en prions.

M. LE CURÉ. Eh bien lequel d'entre vous aura assez de hardiesse pour aller, sans lumière, chercher une clef que l'on trouvera sur la cheminée de la salle des portraits ? —Moi, moi, moi, s'écrièrent à la fois les petits intrépides. — La bonne volonté de Cécile me suffit, dit M. le Curé ; je vais charger Albert de ce message. Albert partit aussitôt, et revint quelques instans après, tenant la clef dans sa main. —C'est très-bien, dit M. le Curé : il faut maintenant que Victor aille également sans lumière porter cette clef au concierge Gérard. Victor prit la clef, et revint au bout de quelques instans, annonçant qu'il lui était arrivé une aventure.—Que t'est-il donc arrivé, demanda M. de Forbin?—J'avais remis la clef à Gérard, reprit Victor ; et après avoir traversé la cour, je rentrais sous le vestibule. Je sens qu'on me saisit par les épaules, et on me secoue fortement. Hier, je me serais mis à crier de toutes mes forces qu'on vînt à mon secours ; mais, surmontant toute crainte, je me retournai promptement et me saisis, devinez de qui ? de Turc, le chien de la cour, qui m'attaquait ainsi. Je lui fis quelques caresses, nous nous quittâmes les meilleurs amis du monde, et me voici.

Il m'est aussi arrivé un petit événement en allant à la salle des portraits, dit Albert; j'arrive, j'ouvre la porte, je cherche à tâtons la cheminée; à peine avais-je mis la main sur la clef, qu'une voix me crie : Qui est là? Bien certainement, hier je me serais sauvé ou évanoui. Mon cœur battait, je l'avoue ; mais, rappelant mon courage, je répondis : C'est Albert ; et j'ajoutai : Qui me fait cette question ? C'est La Pierre, me dit-on ; comment ! vous ne reconnaissez pas sa voix? En effet, c'était le domestique de mon oncle, qui se trouvait dans la chambre à côté; il m'offrit de m'éclairer; mais je le remerciai, voulant terminer mon message comme il avait été convenu.

Bien, mes enfans, dit M. de Verseuil, vous venez de faire une action fort simple; mais je ne dois pas moins vous complimenter, parce que c'est une victoire que vous remportez sur vous-mêmes, en allant ainsi seuls et sans lumière par toute la maison. J'espère que vous voilà aguerris pour toujours.

Un bruit se fit entendre à la porte comme de quelque chose que l'on y déposait lourdement.— Voilà mon spectre arrivé, dit M. le

Curé ; attendez-vous à voir la mort même en personne. Il ouvrit la porte, et l'on aperçut dans une espèce de boîte carrée d'environ six pieds de haut, un squelette entier.—Vous voyez mon ouvrage, continua M. le Curé ; j'ai voulu connaître l'anatomie du corps humain, et j'ai conservé ce squelette comme le fruit de mes études.

CÉCILE. Ah ! mon Dieu ! Cette tête et tous ces ossemens sont réellement ceux d'une personne qui a été vivante ?

M. LE CURÉ. Oui, vraiment. J'ai quelquefois prêté ce squelette à des étudians ; hors cela il est constamment dans ma chambre, la nuit et le jour, et je vous proteste que jamais il n'a seulement remué. Pour notre âme , croyez qu'une fois dégagée de ses liens terrestres, et placée dans le séjour que lui ont mérité ses bonnes ou mauvaises actions , elle n'a plus de rapports avec la terre ni ses habitans.

L'Officier. J'ai lu l'histoire d'un chirurgien hollandais qui s'était fixé à Moscou, il y a un peu plus d'un siècle. Cet homme avait beaucoup de goût pour la musique et il jouait du luth assez passablement. Un jour plusieurs strelitz, soldats de la garde du czar, en passant près de sa demeure, s'arrêtèrent à sa porte pour l'entendre. Un d'eux plus curieux, ayant aperçu dans la chambre un squelette qui était agité par le vent de la fenêtre, fut si effrayé, qu'il prit aussitôt la fuite, en criant que cette maison était habitée par un sorcier. Les autres strelitz, qui partagèrent la frayeur de leur camarade, répandirent dans le public que ce sorcier faisait danser les morts au son du luth.

Le czar (c'est ainsi que l'on nomme l'empereur de Russie) et le patriarche nommèrent trois personnes pour vérifier le fait; on assembla ensuite le conseil, et le chirurgien fut condamné à être brûlé vif avec son squelette.

Heureusement un seigneur, plus instruit que le conseil, représenta au czar que, dans le pays où la chirurgie avait fait des progrès, on avait des squelettes sur

lesquels on étudiait la composi-
tion du corps humain ; il fit sentir
par-là combien il était atroce et
ridicule de condamner au feu un
chirurgien, pour avoir eu chez lui
un squelette.

Sur cette sage représentation,
l'infortuné hollandais aurait sans
doute dû être déclaré innocent,
peut-être même récompensé par
le czar ; mais la seule grâce que le
seigneur russe put obtenir, ce fut
de faire commuer la peine du feu
en celle d'un bannissement per-
pétuel. Le squelette, qui avait été
regardé comme complice du crime
prétendu du chirurgien, fut condamné à subir les peines qui avaient
été prononcées contre celui-ci ; il

fut traîné dans la place publique, et ensuite brûlé.

M. DE VERSEUIL. Vous voyez ce que produisent l'ignorance et la crédulité.

Les enfans s'étaient approchés du squelette, ils examinaient toutes ses différentes parties. Il n'y avait pas jusqu'à Gertrude qui osa le regarder de sa place. Monsieur et Madame de Verseuil félicitèrent de nouveau leurs enfans de ce qu'ils se montraient assez raisonnables pour n'avoir plus de vaines frayeurs, et ils changèrent leur surnom de *petits peureux* en celui de *petits intrépides*.

FIN.

9 782019 944650